法律法规大字实用版系列

中华人民共和国消防法

·大字实用版·

法律出版社法规中心 编

图书在版编目(CIP)数据

中华人民共和国消防法：大字实用版／法律出版社法规中心编. -- 北京：法律出版社，2023
（法律法规大字实用版系列）
ISBN 978-7-5197-7862-0

Ⅰ.①中… Ⅱ.①法… Ⅲ.①消防法-中国 Ⅳ.①D922.14

中国国家版本馆 CIP 数据核字（2023）第 069170 号

| 中华人民共和国消防法（大字实用版）
ZHONGHUA RENMIN GONGHEGUO XIAOFANGFA
(DAZI SHIYONGBAN) | 法律出版社法规中心 编 | 责任编辑 张红蕊
装帧设计 臧晓飞 |

出版发行 法律出版社　　　　　　　　开本 A5
编辑统筹 法规出版分社　　　　　　　印张 5.5　　字数 140 千
责任校对 翁潇潇　　　　　　　　　　版本 2023 年 7 月第 1 版
责任印制 耿润瑜　　　　　　　　　　印次 2023 年 7 月第 1 次印刷
经　　销 新华书店　　　　　　　　　印刷 三河市龙大印装有限公司

地址：北京市丰台区莲花池西里 7 号（100073）
网址：www.lawpress.com.cn　　　　销售电话：010-83938349
投稿邮箱：info@lawpress.com.cn　　客服电话：010-83938350
举报盗版邮箱：jbwq@lawpress.com.cn　咨询电话：010-63939796
版权所有·侵权必究

书号：ISBN 978-7-5197-7862-0　　　　定价：24.00 元
凡购买本社图书，如有印装错误，我社负责退换。电话：010-83938349

编辑出版说明

"法者,天下之准绳也。"在法治社会,人们与其生活的社会发生的所有关系,莫不以法律为纽带和桥梁。人与人之间即是各种法律关系的总和。为帮助广大读者学法、知法、守法、用法,我们组织专业力量精心编写了"法律法规大字实用版系列"丛书。本丛书具有以下特点:

1. 专业。出版机构专业:成立于1954年的法律出版社,是全国首家法律专业出版机构,有专业的法律编辑队伍和标准的法律文本资源。内容专业:书中的名词解释、实用问答理据权威、精准专业;典型案例均来自最高人民法院、最高人民检察院发布的指导案例、典型案例以及地方法院发布的经典案例,在实践中起到指引法官"同案同判"的作用,具有很强的参考性。

2. 全面。全书以主体法为编写主线,在法条下辅之以条文主旨、名词解释、实用问答、典型案例,囊括了该条的标准理论阐释和疑难实务问题,帮助读者全面构建该条的立体化知识体系。

3. 实用。实用问答模块以一问一答的方式解答实务中的疑难问题,读者可按图索骥获取解决实务问题的答案;典型案例模块精选与条文密切相关的经典案例,在书中呈现裁判要旨,读者可按需扫描案例二维码获取案例全文。

4. 易读。采用大字排版、双色印刷，易读不累，清晰疏朗，提升了阅读体验感；波浪线标注条文重点，帮助读者精准捕捉条文要义。

书中可能尚存讹误，不当之处，尚祈读者批评指正。

法律出版社法规中心

2023 年 6 月

目　录

中华人民共和国消防法

第一章　总则 ………………………………………………… 002
 第一条　立法目的 ………………………………………… 002
 第二条　消防工作的方针、原则、制度 ………………… 002
 第三条　各级人民政府的消防工作职责 ………………… 004
 第四条　消防工作监督管理体制 ………………………… 005
 第五条　单位、个人的消防义务 ………………………… 006
 第六条　消防宣传教育义务 ……………………………… 008
 第七条　鼓励、支持消防事业，表彰、奖励有突出贡献的
     单位和个人 ……………………………………… 010
第二章　火灾预防 …………………………………………… 012
 第八条　消防规划 ………………………………………… 012
 第九条　消防设计、施工要求 …………………………… 013
 第十条　消防设计审查验收 ……………………………… 015
 第十一条　消防设计文件报送审查 ……………………… 016
 第十二条　消防设计未经审查或者审查不合格的法律
      后果 …………………………………………… 018

第十三条	消防验收、备案和抽查	019
第十四条	消防设计审查、消防验收、备案和抽查的具体办法	021
第十五条	公众聚集场所的消防安全检查	021
第十六条	单位的消防安全职责	023
第十七条	消防安全重点单位的消防安全职责	025
第十八条	共用建筑物的消防安全责任	027
第十九条	易燃易爆危险品生产经营场所的设置要求	028
第二十条	大型群众性活动的消防安全	028
第二十一条	特殊场所和特种作业防火要求	030
第二十二条	危险物品生产经营单位设置的消防安全要求	031
第二十三条	易燃易爆危险品和可燃物资仓库管理	033
第二十四条	消防产品标准、强制性产品认证和技术鉴定制度	034
第二十五条	对消防产品质量的监督检查	036
第二十六条	建筑构件、建筑材料和室内装修、装饰材料的防火要求	037
第二十七条	电器产品、燃气用具产品标准及其安装、使用的消防安全要求	038
第二十八条	保护消防设施、器材,保障消防通道畅通	039
第二十九条	公共消防设施的维护	039
第三十条	加强农村消防工作	040
第三十一条	重要防火时期的消防工作	040
第三十二条	基层组织的群众性消防工作	041
第三十三条	火灾公众责任保险	042
第三十四条	对消防安全技术服务的规范	043

第三章　消防组织 …… 046

第三十五条　消防组织建设 …… 046

第三十六条　政府建立消防队 …… 047

第三十七条　应急救援职责 …… 047

第三十八条　消防队的能力建设 …… 048

第三十九条　建立专职消防队 …… 048

第四十条　专职消防队的验收及队员福利待遇 …… 049

第四十一条　群众性消防组织 …… 050

第四十二条　消防救援机构与专职消防队、志愿消防队等消防组织的关系 …… 050

第四章　灭火救援 …… 052

第四十三条　火灾应急预案、应急反应和处置机制 …… 052

第四十四条　火灾报警；现场疏散、扑救；消防队接警出动 …… 053

第四十五条　组织火灾现场扑救及火灾现场总指挥的权限 …… 054

第四十六条　重大灾害事故应急救援实行统一领导 …… 056

第四十七条　消防交通优先 …… 056

第四十八条　消防器材、装备、设施等严禁挪作他用 …… 058

第四十九条　扑救火灾、应急救援免收费用 …… 058

第五十条　医疗、抚恤 …… 059

第五十一条　火灾事故调查 …… 059

第五章　监督检查 …… 061

第五十二条　人民政府的监督检查 …… 061

第五十三条　消防救援机构的监督检查 …… 062

第五十四条　消除火灾隐患 …… 063

第五十五条　重大火灾隐患的发现及处理 ················ 065

第五十六条　相关部门及其工作人员应当遵循的执法原则 ················ 066

第五十七条　社会和公民监督 ················ 067

第六章　法律责任 ················ 069

第五十八条　对不符合消防设计审核、消防验收、消防安全检查要求等行为的处罚 ················ 069

第五十九条　对不按消防技术标准设计、施工的行为的处罚 ················ 070

第六十条　对违背消防安全职责行为的处罚 ················ 071

第六十一条　对易燃易爆危险品生产经营场所设置不符合规定的处罚 ················ 073

第六十二条　对涉及消防的违反治安管理行为的处罚 ···· 073

第六十三条　对违反危险场所消防管理规定行为的处罚 ··· 075

第六十四条　对过失引起火灾、阻拦报火警等行为的处罚 ················ 076

第六十五条　对生产、销售、使用不合格或国家明令淘汰的消防产品行为的处理 ················ 078

第六十六条　对电器产品、燃气用具的安装、使用等不符合消防技术标准和管理规定的处罚 ········ 079

第六十七条　单位未履行消防安全职责的法律责任 ······· 080

第六十八条　人员密集场所现场工作人员不履行职责的法律责任 ················ 080

第六十九条　消防技术服务机构失职的法律责任 ········ 080

第七十条　对违反消防行为的处罚程序 ················ 081

第七十一条　有关主管部门的工作人员滥用职权、玩忽

　　　　职守、徇私舞弊的法律责任 ………………………… 082
　　第七十二条　刑事责任 ………………………………… 083
第七章　附　　则 …………………………………………… 084
　　第七十三条　用语含义 ………………………………… 084
　　第七十四条　施行日期 ………………………………… 084

附录一　法律法规

中华人民共和国消防救援衔条例（2018.10.26） …………… 085
中华人民共和国消防救援衔标志式样和佩带办法（2018.
　　11.6） ……………………………………………………… 091
社会消防技术服务管理规定（2021.9.13） ………………… 093
高层民用建筑消防安全管理规定（2021.6.21） …………… 102
消防产品监督管理规定（2012.8.13） ……………………… 117
火灾事故调查规定（2012.7.17修正） ……………………… 126
消防监督检查规定（2012.7.17修正） ……………………… 138

附录二　典型案例

李某远危险作业案
　　——关闭消防安全设备"现实危险"的把握标准 ……… 153
海南省人民检察院督促整治液化天然气安全隐患行政公益
　　诉讼案 …………………………………………………… 155
上海市崇明区人民检察院督促农家乐安装可燃气体报警装
　　置行政公益诉讼案 ……………………………………… 158
四川省成都市龙泉驿区人民检察院督促整治电动自行车锂
　　电池智能换电柜消防安全隐患行政公益诉讼案 ……… 161
浙江省宁波市鄞州区人民检察院督促整治天童禅寺消防安
　　全行政公益诉讼案 ……………………………………… 165

中华人民共和国消防法

- 1998年4月29日第九届全国人民代表大会常务委员会第二次会议通过

- 2008年10月28日第十一届全国人民代表大会常务委员会第五次会议修订

- 根据2019年4月23日第十三届全国人民代表大会常务委员会第十次会议《关于修改〈中华人民共和国建筑法〉等八部法律的决定》第一次修正

- 根据2021年4月29日第十三届全国人民代表大会常务委员会第二十八次会议《关于修改〈中华人民共和国道路交通安全法〉等八部法律的决定》第二次修正

第一章 总 则

◆ **第一条 立法目的**[①]

为了预防火灾和减少火灾危害,加强应急救援工作,保护人身、财产安全,维护公共安全,制定本法。

实用问答

制定《消防法》[②]的直接目的和根本目的分别是什么?

答:制定《消防法》的直接目的是预防火灾和减少火灾危害,加强应急救援工作;根本目的是保护人身、财产安全,维护公共安全。

◆ **第二条 消防工作的方针、原则、制度**

消防工作贯彻预防为主、防消结合的方针,按照政府统一领导、部门依法监管、单位全面负责、公民积极参与的原则,实行消防安全责任制,建立健全社会化的消防工作网络。

---

① 条文主旨为编者所加,下同。
② 为方便读者阅读,本书中的法律、法规均使用简称。——编者注

实用问答

1. 怎样理解"预防为主、防消结合"的方针?

答:我国消防工作实行"预防为主、防消结合"的方针,准确地表达了"防"和"消"的辩证关系,反映了消防工作的客观规律,体现了我国消防工作的特点:(1)预防为主。预防为主,是指在消防工作中,首先要做好防止火灾发生的工作,包括建立健全消防法制和规章制度,提高全民消防安全意识,强化火灾预防措施,消除火灾隐患,提高全社会抵御火灾的能力。(2)防消结合。防消结合,是指把预防火灾和扑救火灾这两个与火灾斗争的基本手段有机地结合起来,在贯彻"预防为主"的同时,强化灭火措施,强化消防队伍,提高救火能力。(3)"预防为主、防消结合"的方针贯穿整部《消防法》。为了贯彻这一方针,《消防法》对火灾预防、灭火救援都作了专章规定。

2. 消防工作的原则具体包括哪几个方面的内容?

答:消防工作的原则具体包括以下几个方面的内容:(1)消防工作是人民政府履行社会管理和公共服务职能的重要内容。(2)要建立健全部门信息沟通和联合执法机制,有关部门各负其责,齐抓共管。(3)依法落实单位消防安全责任。(4)要采取多种措施引导和鼓励群众参与消防工作,形成群众积极参与消防工作的新局面。

3. 贯彻消防安全责任制有哪些要求?

答:消防安全责任制是消防安全管理体系中最基础、最根本、最重要的一环。它要求各级政府、各部门、各单位在消防安全工作中,依照法律规定各负其责。政府对本行政区域内的消防安全责任,应当层层落实到有关单位和人员。各单位要在内部实行和落实逐级消防安全责任制和岗位消防安全责任制,将消防安全责任落实到具体环节和个人，切实做到"谁主管，谁负责；谁在岗，谁负责"。在预防和灭火工作中，要确保有关人员各负其责，做好各项消防工作，并对违反《消防法》等行为分清责任，及时认真查处。

4. 为什么要构建社会化的消防工作网络？

答：消防工作是一项综合性的工作，既需要政府及其职能部门的配合协调，也需要社会各界的广泛积极参与。消防工作包括宣传教育、城乡整体规划、工程建设、产品质量监管、监督检查、火灾报警、灭火救援等各个领域和环节，因此需要调动各方面的资源，发挥各方面的能动性，在消防宣传、消防建设、消防监督、防火灭火、应急救援等消防工作的各个领域和环节建立立体、联动的社会消防工作网络，形成快速、全面的反应机制。

◆ **第三条　各级人民政府的消防工作职责**

国务院领导全国的消防工作。地方各级人民政府负责本行政区域内的消防工作。

各级人民政府应当将消防工作纳入国民经济和社会发展计划，保障消防工作与经济社会发展相适应。

实用问答

各级人民政府在消防工作中应负什么职责？

答：各级人民政府在消防工作中所负职责主要表现在两个方面：（1）国务院领导全国的消防工作，地方各级人民政府负责本行政区域内的消防工作。根据这一要求，各级人民政府要把消防工作纳入政府的任期目标，列入重要议事日程，建立健全消防工作责任制，认真研究和解决消防工作中的重大问题，使消防工作与本地区的经济社会发展相适应。政府要明确各有关部门的职责，加强督促检查和组织协调，指导有关部门共同做好消防工作，大力支持消防救援机构的工作，帮助他们解决工作中的实际困难和问题，为其正常履行职责、开展执法活动提供指导和支持。（2）各级人民政府应当将消防工作纳入国民经济和社会发展计划，保障消防工作与经济社会发展相适应。根据这一规定，将消防工作纳入国民经济和社会发展计划是地方各级人民政府做好消防工作的首要职责，其目标是保障消防工作与经济社会发展相适应。政府在编制国民经济和社会发展计划时，要对本地区消防规划的编制、消防设施的建设、消防装备的配置，尤其是农村地区的消防管理问题予以统筹考虑和规划。根据今后较长时期内经济社会发展的要求，加强国民经济和社会发展计划的针对性和可操作性。通过加强宏观调控和管理，有计划地落实消防工作，使消防建设与经济建设和社会各方面的建设同步发展，改变消防建设滞后的局面。

◆ **第四条　消防工作监督管理体制**

国务院应急管理部门对全国的消防工作实施监督管理。县级以上地方人民政府应急管理部门对本行政区域内的消防工作实施监督管理，并由本级人民政府消防救援机构负责实施。军事设施的消防工作，由其主管单位监督管理，消防救援机构协助；矿井地下部分、核电厂、海上石油天然气设施的消防工作，由其主管单位监督管理。

县级以上人民政府其他有关部门在各自的职责范围内，依照本法和其他相关法律、法规的规定做好消防工作。

法律、行政法规对森林、草原的消防工作另有规定的，从其规定。

实用问答

消防救援机构的主要职责有哪些？

答：消防救援机构的主要职责有以下几个方面：（1）组织指导城乡综合性消防救援工作，负责指挥、调度相关灾害事故救援行动。（2）参与起草消防法律法规和规章草案，拟订消防技术标准并监督实施，组织指导火灾预防、消防监督执法以及火灾事故调查处理相关工作，依法行使消防安全综合监管职能。（3）负责消防救援队伍综合性消防救援预案编制、战术研究，组织指导执勤备战、训练演练等工作。（4）组织指导消防救援信息化和应急通信建设，指导开展相关救援行动应急通信保障工作。（5）负责消防救援队伍建设、管理和消防应急救援专业队伍规划、建设与调度指挥。（6）组织指导社会消防力量建设，参与组织协调动员各类社会救援力量参加救援任务。（7）组织指导消防安全宣传教育工作。（8）管理消防救援队伍事业单位。（9）完成应急管理部交办的跨区域应急救援等其他任务。

◆ **第五条 单位、个人的消防义务**

任何单位和个人都有维护消防安全、保护消防设施、预防火灾、报告火警的义务。任何单位和成年人都有参加有组织的灭火工作的义务。

名词解释

成年人，是指年满18周岁且具备完全民事行为能力的公民。

有组织的灭火工作，是指灭火工作是在各级人民政府、消防组织或者发生火灾的单位、部门的组织、带领下进行的。

实用问答

1. 单位和个人应如何履行维护消防安全的义务?

答:单位和个人维护消防安全的义务主要表现在以下两个方面:(1)各地区、各部门、各行业、各单位以及每个社会成员都应当认真学习消防法律知识,不断增强消防法制观念,提高消防安全意识,积极做好消防安全工作。(2)各单位应当认真改善防火条件,落实防火措施,及时消除火灾隐患,创造良好的消防安全环境,维护消防安全。

2. 单位和个人损坏、挪用或者擅自拆除、停用消防设施、器材的,如何处罚?

答:保护消防设施是每个单位和个人的义务。根据《消防法》第60条第1款、第2款的规定,单位有损坏、挪用或者擅自拆除、停用消防设施、器材行为的,责令改正,处5000元以上5万元以下罚款。个人有上述行为的,处警告或者500元以下罚款。

3. 单位和个人如何履行预防火灾的义务?

答:根据《消防法》第16条第1款的规定,机关、团体、企业、事业等单位应当履行下列消防安全职责:(1)落实消防安全责任制,制定本单位的消防安全制度、消防安全操作规程,制定灭火和应急疏散预案。(2)按照国家标准、行业标准配置消防设施、器材,设置消防安全标志,并定期组织检验、维修,确保完好有效。(3)对建筑消防设施每年至少进行一次全面检测,确保完好有效,检测记录应当完整准确,存档备查。(4)保障疏散通道、安全出口、消防车通道畅通,保证防火防烟分区、防火间距符合消防技术标准。(5)组织防火检查,及时消除火灾隐患。(6)组织进行有针对性的消防演练。(7)法律、法规规定的其他消防安全职责。履行上述职责的目的，是加大预防火灾的力度。

4. 单位和个人如何履行报告火警的义务？

答：根据《消防法》第44条第1款的规定，任何人发现火灾都应当立即报警。任何单位、个人都应当无偿为报警提供便利，不得阻拦报警。严禁谎报火警。

5. 为什么任何单位和个人都不得组织未成年人参加灭火？

答：未成年人的身体和心智都尚未发育成熟，分析问题和处理问题的能力相对薄弱，对火灾中的危险事项尚不能完全认知，对危险情况不能进行完全正确的判断和处理，难以在灭火工作中有效地保护自己和他人，极易造成不必要的人身伤亡。因此，任何单位和个人都不得组织未成年人参加灭火。

◆ 第六条　消防宣传教育义务

各级人民政府应当组织开展经常性的消防宣传教育，提高公民的消防安全意识。

机关、团体、企业、事业等单位，应当加强对本单位人员的消防宣传教育。

应急管理部门及消防救援机构应当加强消防法律、法规的宣传，并督促、指导、协助有关单位做好消防宣传教育工作。

教育、人力资源行政主管部门和学校、有关职业培训机构应当将消防知识纳入教育、教学、培训的内容。

新闻、广播、电视等有关单位，应当有针对性地面向社会进行消防宣传教育。

工会、共产主义青年团、妇女联合会等团体应当结合各自工作对象的特点，组织开展消防宣传教育。

村民委员会、居民委员会应当协助人民政府以及公安机关、应急管理等部门,加强消防宣传教育。

实用问答

1. 为什么要开展消防安全教育?

答:通过开展消防安全教育,可以使群众了解和掌握报警、避难、预防火灾、灭火自救的常识,认识到消防的重要性,知法守法,提高消防安全意识。

2. 各级各类学校应当开展哪些消防安全教育工作?

答:根据《社会消防安全教育培训规定》第15条的规定,各级各类学校应当开展下列消防安全教育工作:(1)将消防安全知识纳入教学内容;(2)在开学初、放寒(暑)假前、学生军训期间,对学生普遍开展专题消防安全教育;(3)结合不同课程实验课的特点和要求,对学生进行有针对性的消防安全教育;(4)组织学生到当地消防站参观体验;(5)每学年至少组织学生开展一次应急疏散演练;(6)对寄宿学生开展经常性的安全用火用电教育和应急疏散演练。各级各类学校应当至少确定一名熟悉消防安全知识的教师担任消防安全课教员,并选聘消防专业人员担任学校的兼职消防辅导员。

3. 社区居民委员会、村民委员会应当开展哪些消防安全教育工作?

答:根据《社会消防安全教育培训规定》第19条的规定,社区居民委员会、村民委员会应当开展下列消防安全教育工作:(1)组织制定防火安全公约;(2)在社区、村庄的公共活动场所设置消防宣传栏，利用文化活动站、学习室等场所，对居民、村民开展经常性的消防安全宣传教育；(3) 组织志愿消防队、治安联防队和灾害信息员、保安人员等开展消防安全宣传教育；(4) 利用社区、乡村广播、视频设备定时播放消防安全常识，在火灾多发季节、农业收获季节、重大节日和乡村民俗活动期间，有针对性地开展消防安全宣传教育。社区居民委员会、村民委员会应当确定至少一名专（兼）职消防安全员，具体负责消防安全宣传教育工作。

◆ **第七条** 鼓励、支持消防事业，表彰、奖励有突出贡献的单位和个人

国家鼓励、支持消防科学研究和技术创新，推广使用先进的消防和应急救援技术、设备；鼓励、支持社会力量开展消防公益活动。

对在消防工作中有突出贡献的单位和个人，应当按照国家有关规定给予表彰和奖励。

实用问答

1. "有突出贡献"主要表现在哪几个方面？

答：所谓"有突出贡献"，主要表现在以下几个方面：(1) 在消防安全宣传教育普及、消防安全措施落实、消防组织制度健全、火灾隐患及时消除、消防器材设备完好有效、无火灾事故等方面工作成绩突出的；(2) 及时组织扑灭火灾或者积极支援邻近单位和居民扑救火灾，避免重大损失的；(3) 在开展消防科学技术研究和技术革新等方面有突出贡献的。

2. 对在消防工作中有突出贡献的单位和个人给予表彰和奖励的主体一般是谁？

答：对在消防工作中有突出贡献的单位和个人给予表彰和奖励的主体一般是各级人民政府和有关部门，包括各级人民政府、应急管理部门、上级主管机关或者本单位等。

3. 表彰和奖励有什么区别？

答：表彰主要是精神奖励，如通报表扬、给予荣誉称号；奖励一般给予一定的奖金、经费等。

4. 对在消防工作中有突出贡献的单位和个人进行表彰和奖励需要遵循哪些原则？

答：对在消防工作中有突出贡献的单位和个人进行表彰和奖励需要遵循以下几项原则：（1）依法表彰、奖励，实事求是；（2）奖励和受奖行为相当；（3）精神奖励和物质奖励相结合；（4）程序民主、公开、公正、及时。

第二章　火　灾　预　防

◆ 第八条　消防规划

地方各级人民政府应当将包括消防安全布局、消防站、消防供水、消防通信、消防车通道、消防装备等内容的<u>消防规划纳入城乡规划</u>，并负责组织实施。

城乡消防安全布局不符合消防安全要求的，应当调整、完善；公共消防设施、消防装备不足或者不适应实际需要的，应当增建、改建、配置或者进行技术改造。

📝 名词解释

<u>消防安全布局</u>，主要是指为保障城乡建设的安全发展，确保国家、集体和公民个人财产的安全和人身安全，在进行城乡总体规划时，根据当地常年的风向、气候、地形等因素，将生产、储存、装卸易燃易爆物品的工厂、仓库、码头以及易燃易爆气体和液体的充装站、供应站、调压站等场所建立在城市的边缘或者相对安全的地带，<u>上述这些单位与铁路、公路、居民区的防火间距要达到防火规范要求</u>。

<u>消防通信</u>，主要是指有线、无线火灾报警系统和消防通信指挥系统，如 119 火警专线。

<u>消防车通道</u>，是指为了救火需要，在城市规划中设计的保证消防车通过的道路。消防车通道的宽度、间距和转弯半径等应当符合国家有关规定。

实用问答

1. 消防站有哪些分类？

答：根据《城市消防站建设标准》第 7 条的规定，消防站分为普通消防站、特勤消防站和战勤保障消防站三类。普通消防站分为一级普通消防站、二级普通消防站和小型普通消防站。

2. 设置消防站应符合哪些规定？

答：根据《城市消防站建设标准》第 8 条的规定，消防站的设置应符合下列规定：（1）城市必须设立一级普通消防站。（2）城市建成区内设置一级普通消防站确有困难的区域，经过论证可设二级普通消防站。（3）城市建成区内因土地资源紧缺设置二级普通消防站确有困难的下列地区，经论证可设小型普通消防站，但小型普通消防站的辖区至少应与一个一级普通消防站、二级普通消防站或特勤消防站辖区相邻：①商业密集区、耐火等级低的建筑密集区、老城区、历史地段；②经消防安全风险评估确有必要设置的区域。（4）地级及地级以上城市以及经济较发达的县级城市应设特勤消防站和战勤保障消防站。（5）有任务需要的城市可设水上消防站、航空消防站等专业消防站。

3. 消防装备主要包括哪些内容？

答：消防装备主要包括消防车辆、消防船艇、机动泵、通信设备、防毒面具、灭火器材、灭火药剂等。

◆ 第九条　消防设计、施工要求

建设工程的消防设计、施工必须符合国家工程建设消防技术标准。建设、设计、施工、工程监理等单位依法对建设工程的消防设计、施工质量负责。

实用问答

1. 建设单位应当履行哪些消防设计、施工质量责任和义务？

答：根据《建设工程消防设计审查验收管理暂行规定》第9条的规定，建设单位应当履行下列消防设计、施工质量责任和义务：（1）不得明示或者暗示设计、施工、工程监理、技术服务等单位及其从业人员违反建设工程法律法规和国家工程建设消防技术标准，降低建设工程消防设计、施工质量；（2）依法申请建设工程消防设计审查、消防验收，办理备案并接受抽查；（3）实行工程监理的建设工程，依法将消防施工质量委托监理；（4）委托具有相应资质的设计、施工、工程监理单位；（5）按照工程消防设计要求和合同约定，选用合格的消防产品和满足防火性能要求的建筑材料、建筑构配件和设备；（6）组织有关单位进行建设工程竣工验收时，对建设工程是否符合消防要求进行查验；（7）依法及时向档案管理机构移交建设工程消防有关档案。

2. 施工单位应当履行哪些消防设计、施工质量责任和义务？

答：根据《建设工程消防设计审查验收管理暂行规定》第11条的规定，施工单位应当履行下列消防设计、施工质量责任和义务：（1）按照建设工程法律法规、国家工程建设消防技术标准，以及经消防设计审查合格或者满足工程需要的消防设计文件组织施工，不得擅自改变消防设计进行施工，降低消防施工质量；（2）按照消防设计要求、施工技术标准和合同约定检验消防产品和具有防火性能要求的建筑材料、建筑构配件和设备的质量，使用合格产品，保证消防施工质量；（3）参加建设单位组织的建设工程竣工验收，对建设工程消防施工质量签章确认，并对建设工程消防施工质量负责。

3. 工程监理单位应当履行哪些消防设计、施工质量责任和义务？

答：根据《建设工程消防设计审查验收管理暂行规定》第12条的规定，工程监理单位应当履行下列消防设计、施工质量责任和义务：（1）按照建设工程法律法规、国家工程建设消防技术标准，以及经消防设计审查合格或者满足工程需要的消防设计文件实施工程监理；（2）在消防产品和具有防火性能要求的建筑材料、建筑构配件和设备使用、安装前，核查产品质量证明文件，不得同意使用或者安装不合格的消防产品和防火性能不符合要求的建筑材料、建筑构配件和设备；（3）参加建设单位组织的建设工程竣工验收，对建设工程消防施工质量签章确认，并对建设工程消防施工质量承担监理责任。

◆ **第十条 消防设计审查验收**

对按照国家工程建设消防技术标准需要进行消防设计的建设工程，实行建设工程消防设计审查验收制度。

实用问答

消防设计审查验收主管部门出具消防设计审查合格意见需要符合哪些条件？

答：根据《建设工程消防设计审查验收管理暂行规定》第23条第1款的规定，对符合下列条件的，消防设计审查验收主管部门应当出具消防设计审查合格意见：（1）申请材料齐全、符合法定形式；（2）设计单位具有相应资质；（3）消防设计文件符合国家工程建设消防技术标准（具有《建设工程消防设计审查验收管理暂行规定》第17条情形之一的特殊建设工程，特殊消防设计技术资料通过专家评审）。

◆ 第十一条　消防设计文件报送审查

国务院住房和城乡建设主管部门规定的特殊建设工程，建设单位应当将消防设计文件报送住房和城乡建设主管部门审查，住房和城乡建设主管部门依法对审查的结果负责。

前款规定以外的其他建设工程，建设单位申请领取施工许可证或者申请批准开工报告时应当提供满足施工需要的消防设计图纸及技术资料。

实用问答

1. 哪些工程是特殊建设工程？

答：根据《建设工程消防设计审查验收管理暂行规定》第 14 条的规定，具有下列情形之一的建设工程是特殊建设工程：（1）总建筑面积大于 2 万平方米的体育场馆、会堂，公共展览馆、博物馆的展示厅；（2）总建筑面积大于 1.5 万平方米的民用机场航站楼、客运车站候车室、客运码头候船厅；（3）总建筑面积大于 1 万平方米的宾馆、饭店、商场、市场；（4）总建筑面积大于 2500 平方米的影剧院，公共图书馆的阅览室，营业性室内健身、休闲场馆，医院的门诊楼，大学的教学楼、图书馆、食堂，劳动密集型企业的生产加工车间，寺庙、教堂；（5）总建筑面积大于 1000 平方米的托儿所、幼儿园的儿童用房，儿童游乐厅等室内儿童活动场所，养老院、福利院，医院、疗养院的病房楼，中小学校的教学楼、图书馆、食堂，学校的集体宿舍，劳动密集型企业的员工集体宿舍；（6）总建筑面积大于 500 平方米的歌舞厅、录像厅、放映厅、卡拉 OK 厅、夜总会、游艺厅、桑拿浴室、网吧、酒吧，具有娱乐功能的餐馆、茶馆、咖啡厅；（7）国家工程建设消防技术标准规定的一类高层住宅建筑；

(8)城市轨道交通、隧道工程，大型发电、变配电工程；(9)生产、储存、装卸易燃易爆危险物品的工厂、仓库和专用车站、码头，易燃易爆气体和液体的充装站、供应站、调压站；(10)国家机关办公楼、电力调度楼、电信楼、邮政楼、防灾指挥调度楼、广播电视楼、档案楼；(11)设有前述第1项至第6项所列情形的建设工程；(12)前述第10项、第11项规定以外的单体建筑面积大于4万平方米或者建筑高度超过50米的公共建筑。

2. 建设单位申请消防设计审查，应当提交哪些材料？

答：根据《建设工程消防设计审查验收管理暂行规定》第16条的规定，建设单位申请消防设计审查，应当提交下列材料：(1)消防设计审查申请表；(2)消防设计文件；(3)依法需要办理建设工程规划许可的，应当提交建设工程规划许可文件；(4)依法需要批准的临时性建筑，应当提交批准文件。

3. 建设单位申请领取施工许可证，应当具备哪些条件？

答：根据《建筑法》第8条第1款的规定，申请领取施工许可证，应当具备下列条件：(1)已经办理该建筑工程用地批准手续；(2)依法应当办理建设工程规划许可证的，已经取得建设工程规划许可证；(3)需要拆迁的，其拆迁进度符合施工要求；(4)已经确定建筑施工企业；(5)有满足施工需要的资金安排、施工图纸及技术资料；(6)有保证工程质量和安全的具体措施。

4. 建设行政主管部门对符合条件的申请颁发施工许可证的期限是多久？

答：根据《建筑法》第8条第2款的规定，建设行政主管部门应当自收到申请之日起7日内，对符合条件的申请颁发施工许可证。

5. 未提供满足施工需要的消防设计图纸及技术资料的，应承担什么后果？

答：根据《建设工程消防设计审查验收管理暂行规定》第 32 条的规定，其他建设工程，建设单位申请施工许可或者申请批准开工报告时，应当提供满足施工需要的消防设计图纸及技术资料。未提供满足施工需要的消防设计图纸及技术资料的，有关部门不得发放施工许可证或者批准开工报告。

◆ **第十二条　消防设计未经审查或者审查不合格的法律后果**

特殊建设工程未经消防设计审查或者审查不合格的，建设单位、施工单位不得施工；其他建设工程，建设单位未提供满足施工需要的消防设计图纸及技术资料的，有关部门不得发放施工许可证或者批准开工报告。

实用问答

1. 特殊建设工程消防设计审查由哪个部门负责？

答：根据《建设工程消防设计审查验收管理暂行规定》第 15 条的规定，对特殊建设工程实行消防设计审查制度。特殊建设工程的建设单位应当向消防设计审查验收主管部门申请消防设计审查，消防设计审查验收主管部门依法对审查的结果负责。特殊建设工程未经消防设计审查或者审查不合格的，建设单位、施工单位不得施工。

2. 消防设计审查验收主管部门对特殊建设工程进行现场评定的内容有哪些？

答：根据《建设工程消防设计审查验收管理暂行规定》第 29 条的规定，消防设计审查验收主管部门受理消防验收申请后，应当按照国家有关规定，对特殊建设工程进行现场评定。现场评定包括对建筑物防（灭）火设施的外观进行现场抽样查看；通过专业仪器设备对涉及距离、高度、宽度、长度、面积、厚度等可测量的指标进行现场抽样测量；对消防设施的功能进行抽样测试、联调联试消防设施的系统功能等内容。

> ◆ **第十三条 消防验收、备案和抽查**
>
> 国务院住房和城乡建设主管部门规定应当申请消防验收的建设工程竣工，建设单位应当向住房和城乡建设主管部门申请消防验收。
>
> 前款规定以外的其他建设工程，建设单位在验收后应当报住房和城乡建设主管部门备案，住房和城乡建设主管部门应当进行抽查。
>
> 依法应当进行消防验收的建设工程，未经消防验收或者消防验收不合格的，禁止投入使用；其他建设工程经依法抽查不合格的，应当停止使用。

名词解释

建设工程竣工，是指建设工程已经按照设计要求完成施工全部任务，由建筑施工企业交付给建设单位准备投入使用。

实用问答

1. 建设单位申请消防验收，应当提交哪些材料？

答：根据《建设工程消防设计审查验收管理暂行规定》第 28 条的规定，建设单位申请消防验收，应当提交下列材料：（1）消防验收申请表；（2）工程竣工验收报告；（3）涉及消防的建设工程竣工图纸。消防设计审查验收主管部门收到建设单位提交的消防验收申请后,对申请材料齐全的,应当出具受理凭证;申请材料不齐全的,应当一次性告知需要补正的全部内容。

2. 消防设计审查验收主管部门出具消防验收意见的期限是多久?

答:根据《建设工程消防设计审查验收管理暂行规定》第 30 条第 1 款中的规定,消防设计审查验收主管部门应当自受理消防验收申请之日起 15 日内出具消防验收意见。

3. 消防设计审查验收主管部门出具消防验收合格意见的条件是什么?

答:根据《建设工程消防设计审查验收管理暂行规定》第 30 条第 1 款中的规定,对符合下列条件的,应当出具消防验收合格意见:(1)申请材料齐全、符合法定形式;(2)工程竣工验收报告内容完备;(3)涉及消防的建设工程竣工图纸与经审查合格的消防设计文件相符;(4)现场评定结论合格。对不符合上述规定条件的,消防设计审查验收主管部门应当出具消防验收不合格意见,并说明理由。

典型案例

戴某某诉济南市公安消防支队消防验收纠纷案[①]

裁判要旨 建设工程消防验收备案结果通知含有消防竣工验收是否合格的评定,具有行政确认的性质,当事人对公安机关消防机构[②]的消防验收备案结果通知行为提起行政诉讼的,人民法院应当依法予以受理。

---

① 载最高人民法院官网 2016 年 6 月 6 日,https://www.court.gov.cn/shenpan/xiangqing/27521.html。

② 现为消防救援机构。——编者注

◆ **第十四条　消防设计审查、消防验收、备案和抽查的具体办法**

建设工程消防设计审查、消防验收、备案和抽查的具体办法，由国务院住房和城乡建设主管部门规定。

实用问答

建设工程消防设计审查、消防验收、备案和抽查工作由哪个部门负责？

答：根据《建设工程消防设计审查验收管理暂行规定》第 3 条的规定，国务院住房和城乡建设主管部门负责指导监督全国建设工程消防设计审查验收工作。县级以上地方人民政府住房和城乡建设主管部门依职责承担本行政区域内建设工程的消防设计审查、消防验收、备案和抽查工作。跨行政区域建设工程的消防设计审查、消防验收、备案和抽查工作，由该建设工程所在行政区域消防设计审查验收主管部门共同的上一级主管部门指定负责。

◆ **第十五条　公众聚集场所的消防安全检查**

公众聚集场所投入使用、营业前消防安全检查实行告知承诺管理。公众聚集场所在投入使用、营业前，建设单位或者使用单位应当向场所所在地的县级以上地方人民政府消防救援机构申请消防安全检查，作出场所符合消防技术标准和管理规定的承诺，提交规定的材料，并对其承诺和材料的真实性负责。

消防救援机构对申请人提交的材料进行审查；申请材料齐全、符合法定形式的，应当予以许可。消防救援机构应当根据消防技术标准和管理规定，及时对作出承诺的公众聚集场所进行核查。

> 申请人选择不采用告知承诺方式办理的，消防救援机构应当自受理申请之日起十个工作日内，根据消防技术标准和管理规定，对该场所进行检查。经检查符合消防安全要求的，应当予以许可。
>
> 公众聚集场所未经消防救援机构许可的，不得投入使用、营业。消防安全检查的具体办法，由国务院应急管理部门制定。

名词解释

公众聚集场所，是指宾馆、饭店、商场、集贸市场、客运车站候车室、客运码头候船厅、民用机场航站楼、体育场馆、会堂以及公共娱乐场所等。

实用问答

1. 公众聚集场所在投入使用、营业前，建设单位或者使用单位向场所所在地的县级以上人民政府消防救援机构申请消防安全检查时应提交下列材料？

答：根据《消防监督检查规定》第 8 条第 1 款的规定，公众聚集场所在投入使用、营业前，建设单位或者使用单位应当向场所所在地的县级以上人民政府公安机关消防机构[①]申请消防安全检查，并提交下列材料：（1）消防安全检查申报表；（2）营业执照复印件或者工商行政管理机关[②]出具的企业名称预先核准通知书；（3）依法取得的建设工程消防验收或者进行竣工验收消防备案的法律文件复印件；（4）消防安全制度、灭火和应急疏散预案、场所平面布置图；

---

① 现为消防救援机构。——编者注
② 现为市场监督管理部门。——编者注

(5)员工岗前消防安全教育培训记录和自动消防系统操作人员取得的消防行业特有工种职业资格证书复印件;(6)法律、行政法规规定的其他材料。

2. 对公众聚集场所投入使用、营业前进行消防安全检查,应当检查哪些内容?

答:根据《消防监督检查规定》第 9 条的规定,对公众聚集场所投入使用、营业前进行消防安全检查,应当检查下列内容:(1)建筑物或者场所是否依法通过消防验收合格或者进行竣工验收消防备案抽查合格;依法进行竣工验收消防备案但没有进行备案抽查的建筑物或者场所是否符合消防技术标准;(2)消防安全制度、灭火和应急疏散预案是否制定;(3)自动消防系统操作人员是否持证上岗,员工是否经过岗前消防安全培训;(4)消防设施、器材是否符合消防技术标准并完好有效;(5)疏散通道、安全出口和消防车通道是否畅通;(6)室内装修材料是否符合消防技术标准;(7)外墙门窗上是否设置影响逃生和灭火救援的障碍物。

◆ **第十六条 单位的消防安全职责**

机关、团体、企业、事业等单位应当履行下列消防安全职责:

(一)落实消防安全责任制,制定本单位的消防安全制度、消防安全操作规程,制定灭火和应急疏散预案;

(二)按照国家标准、行业标准配置消防设施、器材,设置消防安全标志,并定期组织检验、维修,确保完好有效;

(三)对建筑消防设施每年至少进行一次全面检测,确保完好有效,检测记录应当完整准确,存档备查;

(四)保障疏散通道、安全出口、消防车通道畅通,保证防火防烟分区、防火间距符合消防技术标准;

（五）组织防火检查，及时消除火灾隐患；
（六）组织进行有针对性的消防演练；
（七）法律、法规规定的其他消防安全职责。
单位的主要负责人是本单位的消防安全责任人。

实用问答

1. 单位的消防安全制度主要包括哪些内容？

答：根据《机关、团体、企业、事业单位消防安全管理规定》第18条第2款的规定，单位消防安全制度主要包括以下内容：（1）消防安全教育、培训；（2）防火巡查、检查；（3）安全疏散设施管理；（4）消防（控制室）值班；（5）消防设施、器材维护管理；（6）火灾隐患整改；（7）用火、用电安全管理；（8）易燃易爆危险物品和场所防火防爆；（9）专职和义务消防队的组织管理；（10）灭火和应急疏散预案演练；（11）燃气和电气设备的检查和管理（包括防雷、防静电）；（12）消防安全工作考评和奖惩；（13）其他必要的消防安全内容。

2. 单位在保障疏散通道、安全出口畅通方面负有哪些职责？

答：根据《机关、团体、企业、事业单位消防安全管理规定》第21条的规定，单位应当保障疏散通道、安全出口畅通，并设置符合国家规定的消防安全疏散指示标志和应急照明设施，保持防火门、防火卷帘、消防安全疏散指示标志、应急照明、机械排烟送风、火灾事故广播等设施处于正常状态。严禁下列行为：（1）占用疏散通道；（2）在安全出口或者疏散通道上安装栅栏等影响疏散的障碍物；（3）在营业、生产、教学、工作等期间将安全出口上锁、遮挡或者将消防安全疏散指示标志遮挡、覆盖；（4）其他影响安全疏散的行为。

3. 单位的消防安全责任人应当履行哪些消防安全职责？

答：根据《机关、团体、企业、事业单位消防安全管理规定》第 6 条的规定，单位的消防安全责任人应当履行下列消防安全职责：（1）贯彻执行消防法规，保障单位消防安全符合规定，掌握本单位的消防安全情况；（2）将消防工作与本单位的生产、科研、经营、管理等活动统筹安排，批准实施年度消防工作计划；（3）为本单位的消防安全提供必要的经费和组织保障；（4）确定逐级消防安全责任，批准实施消防安全制度和保障消防安全的操作规程；（5）组织防火检查，督促落实火灾隐患整改，及时处理涉及消防安全的重大问题；（6）根据消防法规的规定建立专职消防队、义务消防队；（7）组织制定符合本单位实际的灭火和应急疏散预案，并实施演练。

◆ 第十七条 消防安全重点单位的消防安全职责

县级以上地方人民政府消防救援机构应当将发生火灾可能性较大以及发生火灾可能造成重大的人身伤亡或者财产损失的单位，确定为本行政区域内的消防安全重点单位，并由应急管理部门报本级人民政府备案。

消防安全重点单位除应当履行本法第十六条规定的职责外，还应当履行下列消防安全职责：

（一）确定消防安全管理人，组织实施本单位的消防安全管理工作；

（二）建立消防档案，确定消防安全重点部位，设置防火标志，实行严格管理；

（三）实行每日防火巡查，并建立巡查记录；

（四）对职工进行岗前消防安全培训，定期组织消防安全培训和消防演练。

📝 名词解释

消防安全重点单位，是指发生火灾可能性较大以及发生火灾后可能造成重大的人身伤亡或者财产损失的单位。

📄 实用问答

消防安全重点单位的范围包括哪些？

答：根据《机关、团体、企业、事业单位消防安全管理规定》第 13 条的规定，下列范围的单位是消防安全重点单位，应当按照本规定的要求，实行严格管理：（1）商场（市场）、宾馆（饭店）、体育场（馆）、会堂、公共娱乐场所等公众聚集场所（以下统称公众聚集场所）；（2）医院、养老院和寄宿制的学校、托儿所、幼儿园；（3）国家机关；（4）广播电台、电视台和邮政、通信枢纽；（5）客运车站、码头、民用机场；（6）公共图书馆、展览馆、博物馆、档案馆以及具有火灾危险性的文物保护单位；（7）发电厂（站）和电网经营企业；（8）易燃易爆化学物品的生产、充装、储存、供应、销售单位；（9）服装、制鞋等劳动密集型生产、加工企业；（10）重要的科研单位；（11）其他发生火灾可能性较大以及一旦发生火灾可能造成重大人身伤亡或者财产损失的单位。高层办公楼（写字楼）、高层公寓楼等高层公共建筑，城市地下铁道、地下观光隧道等地下公共建筑和城市重要的交通隧道，粮、棉、木材、百货等物资集中的大型仓库和堆场，国家和省级等重点工程的施工现场，应当按照本规定对消防安全重点单位的要求，实行严格管理。

◆ **第十八条　共用建筑物的消防安全责任**

> 同一建筑物由两个以上单位管理或者使用的，应当明确各方的消防安全责任，并确定责任人对共用的疏散通道、安全出口、建筑消防设施和消防车通道进行统一管理。
>
> 住宅区的物业服务企业应当对管理区域内的共用消防设施进行维护管理，提供消防安全防范服务。

实用问答

1. 共有建筑物的管理者或者使用者如何履行消防责任？

答：共有建筑物的管理者或者使用者履行消防安全责任应当做到以下两点：（1）明确各方的消防安全责任，各方可以订立合同、协议，明确各自在火灾预防和扑救工作中应当承担的消防安全责任和义务。（2）确定责任人对共用的疏散通道、安全出口、建筑消防设施和消防车通道进行统一管理，保证共用的疏散通道、安全出口、消防车通道畅通，建筑消防设施完好有效，从而有效地减少火灾发生后造成的损失。

2. 住宅区的物业服务企业如何履行消防安全责任？

答：住宅区的物业服务企业履行消防安全责任应当做到以下两点：（1）对管理区域内的共用消防设施进行维护管理。根据《民法典》第284条第1款的规定，住宅区的业主可以自行管理建筑物及其附属设施，也可以委托物业服务企业或者其他管理人管理。（2）为住宅区的居民提供必要的消防安全防范服务，做好住宅区的消防安全工作。居民住宅区的物业管理单位应当在管理范围内，履行下列消防安全职责：①制定消防安全制度，落实消防安全责任，开展消防安全宣传教育；②开展防火检查，消除火灾隐患；③保障疏散通道、安全出口、消防车通道畅通；④保障公共消防设施、器材以及消防安全标志完好有效。

> ◆ **第十九条　易燃易爆危险品生产经营场所的设置要求**
>
> 　　生产、储存、经营易燃易爆危险品的场所不得与居住场所设置在同一建筑物内，并应当与居住场所保持安全距离。
>
> 　　生产、储存、经营其他物品的场所与居住场所设置在同一建筑物内的，应当符合国家工程建设消防技术标准。

实用问答

为什么不得将生产、储存、经营易燃易爆危险品的场所与居住场所设置在同一建筑物内？

答：易燃易爆危险品具有遇水、遇火，受到摩擦、撞击、震动、高热等即可引起燃烧、爆炸的化学属性，一旦发生危险，将严重威胁人民群众生命财产安全。因此，严格禁止将生产、储存、经营易燃易爆危险品的场所与居住场所设置在同一建筑物内。

> ◆ **第二十条　大型群众性活动的消防安全**
>
> 　　举办大型群众性活动，承办人应当依法向公安机关申请安全许可，制定灭火和应急疏散预案并组织演练，明确消防安全责任分工，确定消防安全管理人员，保持消防设施和消防器材配置齐全、完好有效，保证疏散通道、安全出口、疏散指示标志、应急照明和消防车通道符合消防技术标准和管理规定。

名词解释

灭火预案，主要是针对活动区域的具体情况，根据火灾危险性、现场环境、人员装备，在火灾发生前制订的灭火行动方案和计划。

应急疏散预案，是指在紧急情况下，为保证大型群众性活动场所的人员安全撤离而事先制订的计划和方案。

实用问答

1. 什么是大型群众性活动？

答：根据《大型群众性活动安全管理条例》第2条的规定，大型群众性活动，是指法人或者其他组织面向社会公众举办的每场次预计参加人数达到1000人以上的下列活动：（1）体育比赛活动；（2）演唱会、音乐会等文艺演出活动；（3）展览、展销等活动；（4）游园、灯会、庙会、花会、焰火晚会等活动；（5）人才招聘会、现场开奖的彩票销售等活动。影剧院、音乐厅、公园、娱乐场所等在其日常业务范围内举办的活动，不属于上述规定的大型群众性活动。

2. 举办大型群众性活动应当符合哪些条件？

答：根据《大型群众性活动安全管理条例》第11条第2款的规定，举办大型群众性活动应当符合下列条件：（1）承办者是依照法定程序成立的法人或者其他组织；（2）大型群众性活动的内容不得违反宪法、法律、法规的规定，不得违反社会公德；（3）具有符合本条例规定的安全工作方案，安全责任明确、措施有效；（4）活动场所、设施符合安全要求。

3. 举办大型群众性活动应当提交哪些材料？

答：根据《大型群众性活动安全管理条例》第13条的规定，承办者应当在活动举办日的 20 日前提出安全许可申请，申请时，应当提交下列材料：(1) 承办者合法成立的证明以及安全责任人的身份证明；(2) 大型群众性活动方案及其说明，2 个或者 2 个以上承办者共同承办大型群众性活动的，还应当提交联合承办的协议；(3) 大型群众性活动安全工作方案；(4) 活动场所管理者同意提供活动场所的证明。依照法律、行政法规的规定，有关主管部门对大型群众性活动的承办者有资质、资格要求的，还应当提交有关资质、资格证明。

4. 举办大型群众性活动的承办单位应如何贯彻落实灭火预案？

答：举办大型群众性活动的承办单位应当确定各部门和各领导人的灭火责任，确定一旦发生火灾，采用何种方案灭火，由谁来组织救援、调集外部力量、调动灭火所用的器材和装备，灭火应使用哪些水源，哪些人员承担灭火任务，灭火队伍的指挥者是谁，等等。

5. 举办大型群众性活动的承办单位应如何贯彻落实应急疏散预案？

答：举办大型群众性活动的承办单位应当将应急疏散预案中的疏散任务落实到具体的人，并确定如何带领在场人员迅速逃离火灾现场、分几路疏散、疏散线路、疏散的指挥者是谁等。

◆ **第二十一条　特殊场所和特种作业防火要求**

禁止在具有火灾、爆炸危险的场所吸烟、使用明火。因施工等特殊情况需要使用明火作业的，应当按照规定事先办理审批手续，采取相应的消防安全措施；作业人员应当遵守消防安全规定。

进行电焊、气焊等具有火灾危险作业的人员和自动消防系统的操作人员，必须持证上岗，并遵守消防安全操作规程。

名词解释

具有火灾、爆炸危险的场所，是指生产、存放、使用易燃易爆物品、可燃物质、压力容器的特殊场所，如有机溶剂生产使用场所、存放易燃易爆物品的仓库、油库、乙炔站、加油站、煤场等。

实用问答

单位如何对动用明火进行消防安全管理？

答：根据《机关、团体、企业、事业单位消防安全管理规定》第 20 条的规定，单位应当对动用明火实行严格的消防安全管理。禁止在具有火灾、爆炸危险的场所使用明火；因特殊情况需要进行电、气焊等明火作业的，动火部门和人员应当按照单位的用火管理制度办理审批手续，落实现场监护人，在确认无火灾、爆炸危险后方可动火施工。动火施工人员应当遵守消防安全规定，并落实相应的消防安全措施。公众聚集场所或者两个以上单位共同使用的建筑物局部施工需要使用明火时，施工单位和使用单位应当共同采取措施，将施工区和使用区进行防火分隔，清除动火区域的易燃、可燃物，配置消防器材，专人监护，保证施工及使用范围的消防安全。公共娱乐场所在营业期间禁止动火施工。

◆ 第二十二条　危险物品生产经营单位设置的消防安全要求

生产、储存、装卸易燃易爆危险品的工厂、仓库和专用车站、码头的设置，应当符合消防技术标准。易燃易爆气体和液体的充装站、供应站、调压站，应当设置在符合消防安全要求的位置，并符合防火防爆要求。

> 已经设置的生产、储存、装卸易燃易爆危险品的工厂、仓库和专用车站、码头，易燃易爆气体和液体的充装站、供应站、调压站，不再符合前款规定的，地方人民政府应当组织、协调有关部门、单位限期解决，消除安全隐患。

名词解释

易燃易爆危险品，是指汽油、柴油、煤油、喷雾剂、酒精、松香、油漆、双氧水、液化气体、溶剂油、雷管、炸药、烟花爆竹等易燃易爆物品。

易燃易爆气体和液体，是指供给城市生活、生产的天然气、液化石油气、人工煤气（煤制气、重油制气）等气体燃料，以及汽油、柴油等液体燃料。

实用问答

在城市总体布局中，对生产、储存易燃易爆化学物品的工厂、仓库的设置有何要求？

答：根据《城市消防规划建设管理规定》第5条的规定，在城市总体布局中，必须将生产、储存易燃易爆化学物品的工厂、仓库设在城市边缘的独立安全地区，并与人员密集的公共建筑保持规定的防火安全距离。位于旧城区严重影响城市消防安全的工厂、仓库，必须纳入改造规划，采取限期迁移或改变生产使用性质等措施，消除不安全因素。

◆ **第二十三条　易燃易爆危险品和可燃物资仓库管理**

　　生产、储存、运输、销售、使用、销毁易燃易爆危险品，必须执行消防技术标准和管理规定。

　　进入生产、储存易燃易爆危险品的场所，必须执行消防安全规定。禁止非法携带易燃易爆危险品进入公共场所或者乘坐公共交通工具。

　　储存可燃物资仓库的管理，必须执行消防技术标准和管理规定。

名词解释

　　公共场所，是指车站、码头、民用航空站、商场、公园、影剧院、展览会、运动场等对公众开放，能为不特定的多数人出入、停留、使用的场所。

　　公共交通工具，是指担任客运任务的火车、汽车、电车、船只、航空器等交通工具。

实用问答

储备仓库的库区、转运站、作业区及其他重要部位应当严格执行哪些规定和技术标准？

　　答：根据《国家物资储备仓库安全保卫办法》第29条的规定，储备仓库的库区、转运站、作业区及其他重要部位属消防安全重点部位，应当严格执行以下有关规定和技术标准：（1）消防安全重点部位应当设置明显的防火标志牌，配备灭火器材。（2）消防安全重点部位的电气、照明、通信、防雷、消防设施及作业工具，应当符合国家有关规定的要求。（3）库区、转运站、作业区及其周界外50

米范围内严禁烟火和燃放烟花爆竹。火炸药储备仓库的地下库的洞口及覆土库周围应当按照设计规范的要求设置防火隔离带。油料储备仓库的洞库、覆土库的计量孔、呼吸阀（透气孔）周围及地面罐的防护堤内应当符合隔火要求。地处防火重点地区的储备仓库，应当按照地方政府的有关规定设置周界防火隔离带。（4）库区、作业区、转运站及其他存有易燃易爆危险品的场所严禁使用明火和一切可能产生明火的操作。因施工作业确需动火时，动火单位和人员应当按照单位的用火管理制度办理审批手续，并在落实现场监护人，确认无火灾、无爆炸危险后方可实施。动火施工人员应当遵守消防安全规定，落实相应的消防安全措施。上述区域内设置的守卫人员生活点，应当划定用火范围并有隔离设施。（5）储备仓库应当依照国家有关规定和储存物品的火灾危险程度分类标准的要求，分类存放物资，设置防火间距和消防通道，正确使用作业工具和设备。

◆ **第二十四条　消防产品标准、强制性产品认证和技术鉴定制度**

消防产品必须符合国家标准；没有国家标准的，必须符合行业标准。禁止生产、销售或者使用不合格的消防产品以及国家明令淘汰的消防产品。

依法实行强制性产品认证的消防产品，由具有法定资质的认证机构按照国家标准、行业标准的强制性要求认证合格后，方可生产、销售、使用。实行强制性产品认证的消防产品目录，由国务院产品质量监督部门会同国务院应急管理部门制定并公布。

新研制的尚未制定国家标准、行业标准的消防产品，应当按照国务院产品质量监督部门会同国务院应急管理部门规定的办法，经技术鉴定符合消防安全要求的，方可生产、销售、使用。

> 依照本条规定经强制性产品认证合格或者技术鉴定合格的消防产品，国务院应急管理部门应当予以公布。

名词解释

消防产品，是指专门用于火灾预防、灭火救援和火灾防护、避难、逃生的产品。

国家标准，是指对需要在全国范围内统一的技术要求，由国务院标准化行政主管部门制定的标准。

行业标准，是指没有国家标准而又需要在全国某个行业范围内统一的技术要求，由国务院有关行政主管部门制定，并报国务院标准化行政主管部门备案的标准。

认证，是指由认证机构证明产品、服务、管理体系符合相关技术规范、相关技术规范的强制性要求或者标准的合格评定活动。

实用问答

1. 消防产品生产者负有哪些职责？

答：根据《消防产品监督管理规定》第 17 条的规定，消防产品生产者负有以下职责：（1）对其生产的消防产品质量负责，建立有效的质量管理体系，保持消防产品的生产条件，保证产品质量、标志、标识符合相关法律法规和标准要求。（2）不得生产应当获得而未获得市场准入资格的消防产品、不合格的消防产品或者国家明令淘汰的消防产品。（3）建立消防产品销售流向登记制度，如实记录产品名称、批次、规格、数量、销售去向等内容。

2. 消防产品销售者负有哪些职责？

答：根据《消防产品监督管理规定》第 18 条的规定，消防产品销售者负有以下职责：（1）建立并执行进货检查验收制度，验明产品合格证明和其他标识；（2）不得销售应当获得而未获得市场准入资格的消防产品、不合格的消防产品或者国家明令淘汰的消防产品；（3）采取措施，保持销售产品的质量。

3. 消防产品使用者负有哪些职责？

答：根据《消防产品监督管理规定》第 19 条第 1 款的规定，消防产品使用者应当查验产品合格证明、产品标识和有关证书，选用符合市场准入的、合格的消防产品。

4. 消防产品技术鉴定应遵守哪些程序？

答：根据《消防产品监督管理规定》第 10 条第 1 款的规定，消防产品技术鉴定应当遵守以下程序：（1）委托人向消防产品技术鉴定机构提出书面委托，并提供有关文件资料；（2）消防产品技术鉴定机构依照有关规定对文件资料进行审核；（3）文件资料经审核符合要求的，消防产品技术鉴定机构按照消防安全要求和有关规定，组织实施消防产品型式检验和工厂检查；（4）经鉴定认为消防产品符合消防安全要求的，技术鉴定机构应当在接受委托之日起 90 日内颁发消防产品技术鉴定证书，并将消防产品有关信息报公安部消防局；认为不符合消防安全要求的，应当书面通知委托人，并说明理由。

◆ **第二十五条 对消防产品质量的监督检查**

产品质量监督部门、工商行政管理部门、消防救援机构应当按照各自职责加强对消防产品质量的监督检查。

实用问答

市场监督管理部门、消防救援机构在消防产品质量监督工作中如何履行各自的职责？

答： 根据《消防法》《产品质量法》《消防产品监督管理规定》等有关法律规定，市场监督管理部门、消防救援机构按照各自职责分别对生产、流通和使用领域的消防产品质量实施监督管理。市场监督管理部门接到对消防产品质量问题的举报投诉后，应当按职责及时依法处理。对不属于本部门职责范围的，应当及时移交或者书面通报有关部门。消防救援机构发现使用不合格消防产品的情况后，应当将发现不合格消防产品的情况通报给市场监督管理部门，由其依照《产品质量法》的规定，对不合格产品的生产者、销售者及时进行查处，从源头上防止不合格产品进入市场流通。

◆ **第二十六条 建筑构件、建筑材料和室内装修、装饰材料的防火要求**

建筑构件、建筑材料和室内装修、装饰材料的防火性能必须符合国家标准；没有国家标准的，必须符合行业标准。

人员密集场所室内装修、装饰，应当按照消防技术标准的要求，使用不燃、难燃材料。

名词解释

人员密集场所，是指公众聚集场所，医院的门诊楼、病房楼，学校的教学楼、图书馆、食堂和集体宿舍，养老院，福利院，托儿所，幼儿园，公共图书馆的阅览室，公共展览馆、博物馆的展示厅，劳动密集型企业的生产加工车间和员工集体宿舍，旅游、宗教活动场所等。

实用问答

为什么建筑构件、建筑材料和室内装修、装饰材料的防火性能必须符合国家标准或者行业标准？

答：建筑构件、建筑材料和室内装修、装饰材料的防火性能直接关系到建筑物的消防安全。如果建筑构件、建筑材料和室内装修、装饰材料使用的是易燃、可燃材料，一旦发生火灾，容易造成火势迅速蔓延扩大，并产生大量有毒烟气，增加了人员疏散和火灾扑救的难度。因此，建筑构件、建筑材料和室内装修、装饰材料的防火性能必须符合国家标准或者行业标准。

◆ **第二十七条　电器产品、燃气用具产品标准及其安装、使用的消防安全要求**

电器产品、燃气用具的产品标准，应当符合消防安全的要求。

电器产品、燃气用具的安装、使用及其线路、管路的设计、敷设、维护保养、检测，必须符合消防技术标准和管理规定。

名词解释

电器产品，从专业角度来讲，是指接通、断开电路以及控制、调节、保护电路和用电设备的电工器具或装置（如开关、变阻器、镇流器等）；从普通民众的角度来讲，是指日常生活中用电作为能源的器具（如电视机、洗衣机、电冰箱、空调等）。

燃气用具，主要是指燃气灶具、公用燃气炊事器具、燃气烘烤器具、燃气热水和开水器具等。

◆ **第二十八条　保护消防设施、器材，保障消防通道畅通**

任何单位、个人不得损坏、挪用或者擅自拆除、停用消防设施、器材，不得埋压、圈占、遮挡消火栓或者占用防火间距，不得占用、堵塞、封闭疏散通道、安全出口、消防车通道。人员密集场所的门窗不得设置影响逃生和灭火救援的障碍物。

📝 名词解释

消防设施，是指火灾自动报警系统、自动灭火系统、消火栓系统、防烟排烟系统以及应急广播和应急照明设备、安全疏散设施等。

消防器材，是指灭火器、消防车、举高车等灭火救援器材。

消火栓，是指与供水管路连接，由阀门、出水口和壳体等组成的消防供水（或泡沫溶液）装置，包括室内消火栓、室外消火栓、地上消火栓、地下消火栓等。

防火间距，是指防止着火建筑在一定时间内引燃相邻建筑，便于消防扑救的间隔距离。

◆ **第二十九条　公共消防设施的维护**

负责公共消防设施维护管理的单位，应当保持消防供水、消防通信、消防车通道等公共消防设施的完好有效。在修建道路以及停电、停水、截断通信线路时有可能影响消防队灭火救援的，有关单位必须事先通知当地消防救援机构。

📝 名词解释

<u>公共消防设施</u>，是指为保障城乡公共消防安全服务的消火栓、消防站、消防给水、消防车通道、消防通讯等公益性基础设施。

📖 实用问答

保持公共消防设施完好有效具体包括哪些内容？

答：保持公共消防设施完好有效具体包括以下两个方面的内容：（1）要加强公共消防设施的维护和管理，保证公共消防设施完好无损。（2）公共消防设施要符合消防工作的实际需要，保证能够有效发挥作用。如消火栓的规格必须统一，消防给水的水量、水压必须充足等。

◆ **第三十条　加强农村消防工作**

地方各级人民政府应当加强对<u>农村消防工作</u>的领导，采取措施加强公共消防设施建设，组织建立和督促落实消防安全责任制。

◆ **第三十一条　重要防火时期的消防工作**

在农业收获季节、森林和草原防火期间、重大节假日期间以及火灾多发季节，<u>地方各级人民政府应当组织开展有针对性的消防宣传教育</u>，采取防火措施，进行消防安全检查。

📖 实用问答

地方各级人民政府进行消防安全检查的内容包括哪些？

答：地方各级人民政府进行消防安全检查的内容包括消防宣传

教育工作的效果、防火措施落实情况、火灾隐患排查情况、火灾隐患整改情况等。

◆ **第三十二条　基层组织的群众性消防工作**

乡镇人民政府、城市街道办事处应当指导、支持和帮助村民委员会、居民委员会开展群众性的消防工作。村民委员会、居民委员会应当确定消防安全管理人，组织制定防火安全公约，进行防火安全检查。

实用问答

社区居民委员会、村民委员会开展消防安全工作的内容包括哪些？

答：根据《社会消防安全教育培训规定》第19条的规定，社区居民委员会、村民委员会应当开展下列消防安全教育工作：（1）组织制定防火安全公约；（2）在社区、村庄的公共活动场所设置消防宣传栏，利用文化活动站、学习室等场所，对居民、村民开展经常性的消防安全宣传教育；（3）组织志愿消防队、治安联防队和灾害信息员、保安人员等开展消防安全宣传教育；（4）利用社区、乡村广播、视频设备定时播放消防安全常识，在火灾多发季节、农业收获季节、重大节日和乡村民俗活动期间，有针对性地开展消防安全宣传教育。社区居民委员会、村民委员会应当确定至少一名专（兼）职消防安全员，具体负责消防安全宣传教育工作。

◆ 第三十三条　火灾公众责任保险

国家鼓励、引导公众聚集场所和生产、储存、运输、销售易燃易爆危险品的企业投保<u>火灾公众责任保险</u>；鼓励保险公司承保火灾公众责任保险。

名词解释

火灾公众责任保险，是指以被保险人因火灾造成的对第三者的伤害所依法应负的赔偿责任为保险标的的保险。

实用问答

为什么要积极发展火灾公众责任保险？

答：根据公安部、中国保险监督管理委员会下发的《关于积极推进火灾公众责任保险，切实加强火灾防范和风险管理工作的通知》的规定，积极发展火灾公众责任保险，是建立完善社会主义市场经济对协调经济社会安全发展的必然选择，是完善消防安全监管和建设社会保障体系的重要举措，有利于充分发挥保险的经济补偿和辅助社会管理功能，提高社会的火灾风险管理水平；有利于预防和化解社会矛盾，减轻政府灾后救助负担，促进政府职能转变。各级公安消防部门①和保险监管部门要充分认识发展火灾公众责任保险的重要意义，认真研究制定相关政策，积极引导保险公司创新火灾公众责任保险产品的设计、销售和服务，努力为群众提供可靠的火灾风险保障。

---

① 现为消防救援机构。——编者注

◆ **第三十四条　对消防安全技术服务的规范**

消防设施维护保养检测、消防安全评估等<u>消防技术服务机构应当符合从业条件</u>，<u>执业人员应当依法获得相应的资格</u>；依照法律、行政法规、国家标准、行业标准和执业准则，接受委托提供消防技术服务，并对服务质量负责。

名词解释

消防技术服务机构，是指从事消防设施维护保养检测、消防安全评估等社会消防技术服务活动的企业。

消防技术服务执业人员，是指依法取得注册消防工程师资格并在消防技术服务机构中执业的专业技术人员，以及按照有关规定取得相应消防行业特有工种职业资格，在消防技术服务机构中从事社会消防技术服务活动的人员。

实用问答

1. 从事消防设施维护保养检测的消防技术服务机构，应当具备哪些条件？

答：根据《社会消防技术服务管理规定》第 5 条的规定，从事消防设施维护保养检测的消防技术服务机构，应当具备下列条件：（1）取得企业法人资格；（2）工作场所建筑面积不少于 200 平方米；（3）消防技术服务基础设备和消防设施维护保养检测设备配备符合有关规定要求；（4）注册消防工程师不少于 2 人，其中一级注册消防工程师不少于 1 人；（5）取得消防设施操作员国家职业资格证书的人员不少于 6 人，其中中级技能等级以上的不少于 2 人；（6）健全的质量管理体系。

2. 从事消防安全评估的消防技术服务机构，应当具备哪些条件？

答：根据《社会消防技术服务管理规定》第 6 条的规定，从事消防安全评估的消防技术服务机构，应当具备下列条件：（1）取得企业法人资格；（2）工作场所建筑面积不少于 100 平方米；（3）消防技术服务基础设备和消防安全评估设备配备符合有关规定要求；（4）注册消防工程师不少于 2 人，其中一级注册消防工程师不少于 1 人；（5）健全的消防安全评估过程控制体系。

3. 同时从事消防设施维护保养检测、消防安全评估的消防技术服务机构，应当具备哪些条件？

答：根据《社会消防技术服务管理规定》第 7 条的规定，同时从事消防设施维护保养检测、消防安全评估的消防技术服务机构，应当具备下列条件：（1）取得企业法人资格；（2）工作场所建筑面积不少于 200 平方米；（3）消防技术服务基础设备和消防设施维护保养检测、消防安全评估设备配备符合规定的要求；（4）注册消防工程师不少于 2 人，其中一级注册消防工程师不少于 1 人；（5）取得消防设施操作员国家职业资格证书的人员不少于 6 人，其中中级技能等级以上的不少于 2 人；（6）健全的质量管理和消防安全评估过程控制体系。

4. 消防技术服务机构在从事社会消防技术服务活动中不得有哪些行为？

答：根据《社会消防技术服务管理规定》第 18 条的规定，消防技术服务机构在从事社会消防技术服务活动中，不得有下列行为：（1）不具备从业条件，从事社会消防技术服务活动；（2）出具虚假、失实文件；（3）消防设施维护保养检测机构的项目负责人或者消防设施操作员未到现场实地开展工作；（4）泄露委托人商业秘密；

（5）指派无相应资格从业人员从事社会消防技术服务活动；（6）冒用其他消防技术服务机构名义从事社会消防技术服务活动；（7）法律、法规、规章禁止的其他行为。

第三章　消　防　组　织

◆ **第三十五条　消防组织建设**

各级人民政府应当加强消防组织建设，根据经济社会发展的需要，建立多种形式的消防组织，加强消防技术人才培养，增强火灾预防、扑救和应急救援的能力。

实用问答

各级人民政府加强消防组织建设需要注意哪些问题？

答：各级人民政府加强消防组织建设需要注意以下三个方面：（1）根据当地经济社会发展的需要，加强各种形式的消防组织建设，形成能够适应当地消防工作需要的消防力量体系。（2）加强消防技术人才培养。除了灭火救援外，消防队伍还承担着越来越多的应急救援工作，如处置危险化学品泄漏事故、重大生产安全事故等，这些工作需要运用特定的专业技术设备和知识。因此，加强消防组织建设，需要重视新型消防器材和消防技术手段的研发，重视各种应急救援专业技术人才的培养。（3）不断增强火灾预防、扑救和应急救援的能力。通过统筹规划、合理布局消防力量，做到覆盖全面，不留死角而又重点突出，保障到位；通过改善装备和器材配备，不断提升消防组织的技术能力；通过有针对性的训练和培养，不断提高消防工作人员的战斗力。

◆ **第三十六条 政府建立消防队**

县级以上地方人民政府应当按照国家规定建立<u>国家综合性消防救援队</u>、专职消防队，并按照<u>国家标准</u>配备消防装备，承担火灾扑救工作。

乡镇人民政府应当根据当地经济发展和消防工作的需要，建立专职消防队、志愿消防队，承担火灾扑救工作。

实用问答

哪些乡镇人民政府需要建立专职消防队、哪些乡镇人民政府需要建立志愿消防队？

答：乡镇人民政府具体是建立专职消防队还是建立志愿消防队，可以根据本乡镇经济社会发展的情况和消防工作的实际需要确定。对于经济发展比较快、城市化程度比较高的乡镇，其人员聚集程度、建筑物密度都比较高，对消防安全的需求也比较高，当地财政完全有能力负担消防队的运营，这些乡镇就需要建立专职消防队。对于一些经济欠发达的乡镇，对消防安全的需求并不是很高，当地财政负担能力也不是很强，短期内要求建立专职消防队还有一定的困难，这些乡镇人民政府应当因地制宜，建立多种形式的志愿消防队，切实担负起防火、灭火救援的责任。

◆ **第三十七条 应急救援职责**

国家综合性消防救援队、专职消防队按照国家规定承担<u>重大灾害事故和其他以抢救人员生命为主的应急救援工作</u>。

实用问答

为什么由国家综合性消防救援队、专职消防队承担重大灾害事故和其他以抢救人员生命为主的应急救援工作？

答：《消防法》规定由国家综合性消防救援队、专职消防队承担重大灾害事故和其他以抢救人员生命为主的应急救援工作，主要是考虑到以下几点：（1）国家综合性消防救援队、专职消防队队员训练有素，具有很强的组织性、纪律性和战斗力。（2）国家综合性消防救援队、专职消防队拥有专业的救援器材，救援经验丰富。（3）国家综合性消防救援队、专职消防队因消防工作需要，随时处于备勤状态，能够迅速应召参加各种救援工作。

◆ **第三十八条　消防队的能力建设**

国家综合性消防救援队、专职消防队应当充分发挥火灾扑救和应急救援专业力量的骨干作用；按照国家规定，组织实施专业技能训练，配备并维护保养装备器材，提高火灾扑救和应急救援的能力。

◆ **第三十九条　建立专职消防队**

下列单位应当建立单位专职消防队，承担本单位的火灾扑救工作：

（一）大型核设施单位、大型发电厂、民用机场、主要港口；

（二）生产、储存易燃易爆危险品的大型企业；

（三）储备可燃的重要物资的大型仓库、基地；

（四）第一项、第二项、第三项规定以外的火灾危险性较大、距离国家综合性消防救援队较远的其他大型企业；

（五）距离国家综合性消防救援队较远、被列为全国重点文物保护单位的古建筑群的管理单位。

◆ **第四十条　专职消防队的验收及队员福利待遇**

专职消防队的建立，应当符合国家有关规定，并报当地消防救援机构验收。

专职消防队的队员依法享受社会保险和福利待遇。

名词解释

当地消防救援机构，是指建立专职消防队的地方政府或者单位所在地的消防救援机构。

实用问答

如何保障专职消防队员享受社会保险和福利待遇？

答：根据公安部、国家发展和改革委员会、工业和信息化部、民政部、财政部、人力资源和社会保障部、交通运输部、国务院国有资产监督管理委员会、税务总局、工商行政管理总局、安全生产监督管理总局、中国保险监督管理委员会、全国总工会联合制定的《关于规范和加强企业专职消防队伍建设的指导意见》的规定，企业应当按照《劳动法》《公司法》《社会保险法》《突发事件应对法》等规定，为专职消防队员办理养老、医疗、工伤、失业等社会保险，缴纳各项社会保险费用和住房公积金；鼓励购买意外伤害保险，提高专职消防队员职业伤害保障水平。

◆ **第四十一条 群众性消防组织**

机关、团体、企业、事业等单位以及村民委员会、居民委员会根据需要，建立志愿消防队等多种形式的消防组织，开展群众性自防自救工作。

实用问答

群众性消防组织主要负责哪些工作？

答：群众性消防组织主要负责本单位的自防自救工作，主要包括：（1）本单位的消防安全教育、培训；（2）防火巡查、检查；（3）安全疏散设施管理；（4）消防值班；（5）消防设施、器材维护管理和火灾隐患整改；（6）用火、用电安全管理；（7）易燃易爆危险物品和场所防火防爆；（8）燃气和电气设备的检查和管理；（9）其他必要的消防安全工作。此外，群众性消防组织还应当定期进行教育训练，熟练掌握防火、灭火知识和消防器材的使用方法，做到能进行防火检查、扑救火灾和协助国家综合性消防救援队、专职消防队扑救火灾。

◆ **第四十二条 消防救援机构与专职消防队、志愿消防队等消防组织的关系**

消防救援机构应当对专职消防队、志愿消防队等消防组织进行业务指导；根据扑救火灾的需要，可以调动指挥专职消防队参加火灾扑救工作。

> **实用问答**

消防救援机构如何对专职消防队、志愿消防队等消防组织进行业务指导？

答：消防救援机构对专职消防队、志愿消防队等消防组织进行的业务指导，主要包括在消防检查、火灾预防、消防器材管理、火灾扑救等方面的工作指导。具体而言，消防救援机构应当督促专职消防队、志愿消防队建立健全各项规章制度，开展消防业务训练，组织联合演练，提高防火、灭火水平。各专职消防队、志愿消防队应当认真接受指导，努力提高业务能力。

第四章 灭火救援

◆ **第四十三条 火灾应急预案、应急反应和处置机制**

县级以上地方人民政府应当组织有关部门针对本行政区域内的火灾特点制定应急预案，建立应急反应和处置机制，为火灾扑救和应急救援工作提供人员、装备等保障。

实用问答

1. 火灾应急预案包括哪些内容？

答：一份完整的火灾应急预案应当包括以下内容：（1）总则，包括制定火灾应急预案的指导思想、工作原则、编制目的、编制依据、事故分级、适用范围等；（2）应急组织体系与职责，包括灭火指挥体系有关部门的职责等；（3）预测预警，包括预警级别、预警发布和解除、预警响应等；（4）应急响应，包括基本响应、分级响应、扩大应急、响应结束等；（5）信息报告与发布；（6）后期处置，包括善后恢复、调查评估等；（7）应急保障，包括资金保障、装备保障、技术保障、队伍保障、医疗卫生保障、交通保障、通信保障等；（8）宣传教育、培训和演练。

2. 发生火灾时，县级以上地方各级人民政府应该如何做？

答：根据《突发事件应对法》等相关规定，发生火灾时，县级以上地方各级人民政府应当采取以下措施：（1）根据火灾的大小和可能造成的危害，启动应急预案；（2）调集救援队伍和救援物资、设备、工具；（3）加强对重点单位、重点部位和重要基础设施的安全保卫，维护社会治安秩序；（4）确保交通、通信、供水、排水、供电、供气、供热等公共设施的安全和正常运行；（5）转移、疏散或者撤离易受危害人员并予以妥善安置；（6）转移重要财产。

> ◆ **第四十四条　火灾报警；现场疏散、扑救；消防队接警出动**
>
> 　　任何人发现火灾都应当立即报警。任何单位、个人都应当无偿为报警提供便利，不得阻拦报警。严禁谎报火警。
> 　　人员密集场所发生火灾，该场所的现场工作人员应当立即组织、引导在场人员疏散。
> 　　任何单位发生火灾，必须立即组织力量扑救。邻近单位应当给予支援。
> 　　消防队接到火警，必须立即赶赴火灾现场，救助遇险人员，排除险情，扑灭火灾。

📝 名词解释

　　立即报警，是指直接或者运用最有效、最便捷的通信工具向消防机关或者有关部门报告。
　　无偿为报警提供便利，是指为报警人提供报警所需要的通信、交通或者其他便利，不得收取费用或者索要报酬。
　　不得阻拦报警，是指对报警人的报警行为，不能以任何理由加以阻止，设置障碍。

📄 实用问答

　　消防队到达火灾现场后，应当主要担负起哪些任务？
　　答：消防队到达火灾现场后，在立即组织火情侦察、部署主要灭火力量后，应当主要担负起以下任务：（1）救助遇险人员。在火灾扑救中，要坚持"救人第一"的指导思想。当火灾现场有人员受到火势威胁时，必须首先抢救被困人员。在救助遇险人员时，需要注意以下几点：①充分利用建筑物内外的安全出口、疏散楼梯、门窗、避难层和火灾现场的举高车辆、消防梯以及其他一切可以利用的救生器材进行施救；②采取排烟、防毒、射水等措施，减少烟雾、毒气、火势对被困人员的威胁；③稳定被困人员的情绪，防止被困人员跳楼或者因拥挤踩踏造成人员伤亡；④进入燃烧区抢救被困人员时，应当仔细搜索各个部位，做好记录，防止遗漏；⑤对被救者采取防毒保护措施；⑥在救助过程中发现的危重伤员和已救助疏散出的危重伤员应当由具备急救资质的人员进行现场急救；⑦对遇难人员应当及时进行搜寻，发现遇难人员遗体后予以妥善保护。（2）排除险情，扑灭火灾。消防队在扑灭火灾过程中应当积极疏散和保护物资，努力减少损失。在这一过程中，需要注意以下几点：①遇有易燃易爆物品、贵重仪器设备、档案资料以及珍贵文物受到火势威胁时，应当首先将它们予以疏散；受到火势威胁的物资和妨碍救人灭火的物资也应当予以疏散。②对难以疏散的物资，应当采取冷却或者使用不燃、难燃材料遮盖等措施加以保护。③疏散物资应当在火灾现场指挥员的统一指挥下和起火单位负责人、工程技术人员的配合下，根据轻重缓急有组织地进行。④从火场抢救出来的物资应当指定放置地点，指派专人看护，严格检查，防止夹带火种引起燃烧，并及时进行清点和移交。

◆ **第四十五条　组织火灾现场扑救及火灾现场总指挥的权限**

消防救援机构统一组织和指挥火灾现场扑救，应当<u>优先保障遇险人员的生命安全</u>。

火灾现场总指挥根据扑救火灾的需要，有权决定下列事项：

（一）使用各种水源；

（二）截断电力、可燃气体和可燃液体的输送，限制用火用电；

（三）划定警戒区，实行局部交通管制；

（四）利用临近建筑物和有关设施；

（五）为了抢救人员和重要物资，防止火势蔓延，拆除或者破损毗邻火灾现场的建筑物、构筑物或者设施等；

（六）调动供水、供电、供气、通信、医疗救护、交通运输、环境保护等有关单位协助灭火救援。

根据扑救火灾的紧急需要，有关地方人民政府应当组织人员、调集所需物资支援灭火。

实用问答

1. 符合什么条件的火灾事故现场应成立现场作战指挥部？

答：根据《公安消防部队执勤战斗条令》第55条第1款的规定，对于灾害事故规模大、参战力量多、作战时间长、现场情况危险复杂、灭火与应急救援难度大的灾害事故现场，公安消防部队[①]应当及时成立现场作战指挥部，统一指挥灭火与应急救援行动。

2. 地方人民政府组织人员、调集所需物资支援灭火可以采取哪些措施？

答：地方人民政府组织人员、调集所需物资支援灭火可以采取的具体措施包括：（1）组织各种专业人员，为火灾扑救提供技术支

---

① 现为消防救援机构。——编者注

持；(2) 组织进行交通管制和人员疏散；(3) 调集灭火所需水源、消防器材设备等各种急需物品。

◆ **第四十六条　重大灾害事故应急救援实行统一领导**

国家综合性消防救援队、专职消防队参加火灾以外的其他重大灾害事故的应急救援工作，由县级以上人民政府统一领导。

名词解释

<u>火灾以外的其他重大灾害事故</u>，是指火灾以外的一些重大灾害和各类重大事故。其中，重大灾害包括地震、洪涝、山体滑坡、矿窑坍塌、飓风等造成的灾害；各类重大事故包括房屋坍塌、交通事故、列车出轨、矿窑爆炸事故等。

实用问答

国家综合性消防救援队、专职消防队参加火灾以外的其他重大灾害事故的应急救援工作主要有哪些？

答：国家综合性消防救援队、专职消防队参加火灾以外的其他重大灾害事故的应急救援工作，主要是以抢救人员生命为主的工作。这些工作主要包括：危险化学品泄漏、道路交通事故、地震及其次生灾害、建筑物坍塌、重大安全生产事故、空难、爆炸、恐怖事件和群众遇险事件等。

◆ **第四十七条　消防交通优先**

消防车、消防艇前往执行火灾扑救或者应急救援任务，在确保安全的前提下，<u>不受行驶速度、行驶路线、行驶方向和指挥信</u>

号的限制，其他车辆、船舶以及行人应当让行，不得穿插超越；收费公路、桥梁免收车辆通行费。交通管理指挥人员应当保证消防车、消防艇迅速通行。

赶赴火灾现场或者应急救援现场的消防人员和调集的消防装备、物资，需要铁路、水路或者航空运输的，有关单位应当优先运输。

名词解释

不受行驶速度的限制，是指不受交通道路上的限速标志的限制。

不受行驶路线的限制，是指消防车为了及时赶赴救灾现场，可以在快车道、慢车道、非机动车道、人行道上行驶而不受限制。

不受行驶方向的限制，是指消防车、消防艇为了执行任务，可以逆向行驶，也可以不受道路和水路标志的限制掉头或者转向行驶的限制而掉头或者转向行驶。

不受指挥信号的限制，是指消防车可以不受任何交通信号的限制而行驶。

实用问答

赶赴火灾现场或者应急救援现场的消防人员和调集的消防装备、物资，需要铁路、水路或者航空运输的，有关单位负有哪些义务？

答：赶赴火灾现场或者应急救援现场的消防人员和调集的消防装备、物资，需要铁路、水路或者航空运输的，铁路、水路或者航空运输的管理部门以及担负运输任务的企业等有关单位应当立即采取措施优先安排装车运输或者登机，确保有关人员和物资及时到达救灾现场。

◆ **第四十八条　消防器材、装备、设施等严禁挪作他用**

消防车、消防艇以及消防器材、装备和设施，不得用于与消防和应急救援工作无关的事项。

实用问答

消防交通工具、器材、装备、设施的使用范围有哪些限制？

答：消防交通工具、器材、装备、设施的使用范围有如下限制：（1）从事专业或者志愿消防工作的人员和单位，不得擅自将消防车、消防艇以及消防器材、装备和设施，用于与消防和应急救援工作无关的事项。擅自动用的要追究责任，造成后果的要严肃处理。（2）设置在人员密集场所等有关场所的消防器材、装备和设施，不能用于与消防和应急救援工作无关的事项。例如，不能将设置的消防斧或者消防桶用来做劈柴或盛水的工具等。

◆ **第四十九条　扑救火灾、应急救援免收费用**

国家综合性消防救援队、专职消防队扑救火灾、应急救援，不得收取任何费用。

单位专职消防队、志愿消防队参加扑救外单位火灾所损耗的燃料、灭火剂和器材、装备等，由火灾发生地的人民政府给予补偿。

实用问答

1. 为什么国家综合性消防救援队、专职消防队扑救火灾、应急救援不得收取任何费用？

答：国家综合性消防救援队、专职消防队是由国家和地方人民政府、企事业单位出资组建的专职消防队伍，其日常开支和设施的配置由国家财政和地方政府以及本单位的专项经费予以保障，扑救火灾和应急救援是其法定职责。因此，他们扑救火灾和应急救援，不能向受灾单位和个人以任何借口和理由收取费用。

2. 单位专职消防队、志愿消防队参加扑救外单位火灾所损耗的燃料、灭火剂和器材、装备等的经济补偿由谁给予？

答：单位专职消防队由其所属单位出资组建，其运行的经费由本单位计入成本核算。在发生火灾时，单位之间的互相援助是及时有效的，值得大力提倡。在规定专职消防队扑救火灾不得收费的同时，为了解除援助单位的后顾之忧，《消防法》规定，单位专职消防队、志愿消防队参加扑救外单位火灾所损耗的燃料、灭火剂和器材、装备等，由火灾发生地的人民政府给予补偿。

◆ 第五十条 医疗、抚恤

对因参加扑救火灾或者应急救援受伤、致残或者死亡的人员，按照国家有关规定给予医疗、抚恤。

◆ 第五十一条 火灾事故调查

消防救援机构有权根据需要封闭火灾现场，负责调查火灾原因，统计火灾损失。

火灾扑灭后，发生火灾的单位和相关人员应当按照消防救援机构的要求保护现场，接受事故调查，如实提供与火灾有关的情况。

消防救援机构根据火灾现场勘验、调查情况和有关的检验、鉴定意见，及时制作火灾事故认定书，作为处理火灾事故的证据。

实用问答

1. 为什么要调查火灾原因?

答:火灾事故发生后,消防救援机构调查火灾原因,是为了纠正消防安全方面存在的问题,追究有关责任人员的法律责任。有的火灾事故调查取证结果,将成为故意纵火刑事案件的重要证据。

2. 勘验火灾现场应当注意哪些问题?

答:根据《火灾事故调查规定》第 20 条的规定,勘验火灾现场应当注意以下几点:(1)遵循火灾现场勘验规则,采取现场照相或者录像、录音,制作现场勘验笔录和绘制现场图等方法记录现场情况。(2)对有人员死亡的火灾现场进行勘验的,火灾事故调查人员应当对尸体表面进行观察并记录,对尸体在火灾现场的位置进行调查。(3)现场勘验笔录应当由火灾事故调查人员、证人或者当事人签名。证人、当事人拒绝签名或者无法签名的,应当在现场勘验笔录上注明。(4)现场图应当由制图人、审核人签字。

第五章　监　督　检　查

◆ **第五十二条　人民政府的监督检查**

地方各级人民政府应当落实消防工作责任制，对本级人民政府有关部门履行消防安全职责的情况进行监督检查。

县级以上地方人民政府有关部门应当根据本系统的特点，有针对性地开展消防安全检查，及时督促整改火灾隐患。

实用问答

地方各级人民政府落实消防工作责任制的主要内容有哪些？

答：地方各级人民政府落实消防安全责任制，主要有以下几个方面的内容：（1）明确负责消防安全工作的责任人。每个单位、部门要落实到具体的人员负责做好消防安全工作。（2）建立健全消防安全制度。消防安全制度的内容要全面详细，并结合本单位的实际情况和消防安全工作的特点，要具有针对性。（3）抓落实。要定期对消防安全工作制度的落实情况进行监督检查，及时纠正违反消防安全制度的行为和问题。抓落实要具体，要定期安排进行局部或整体的消防安全方面的演习或测试。

◆ **第五十三条　消防救援机构的监督检查**

消防救援机构应当对机关、团体、企业、事业等单位遵守消防法律、法规的情况依法进行监督检查。公安派出所可以负责日常消防监督检查、开展消防宣传教育，具体办法由国务院公安部门规定。

消防救援机构、公安派出所的工作人员进行消防监督检查，应当出示证件。

实用问答

公安派出所开展日常消防监督检查的内容包括哪些？

答：根据《消防监督检查规定》第31条的规定，公安派出所对单位进行日常消防监督检查，应当检查下列内容：（1）建筑物或者场所是否依法通过消防验收或者进行竣工验收消防备案，公众聚集场所是否依法通过投入使用、营业前的消防安全检查；（2）是否制定消防安全制度；（3）是否组织防火检查、消防安全宣传教育培训、灭火和应急疏散演练；（4）消防车通道、疏散通道、安全出口是否畅通，室内消火栓、疏散指示标志、应急照明、灭火器是否完好有效；（5）生产、储存、经营易燃易爆危险品的场所是否与居住场所设置在同一建筑物内。对设有建筑消防设施的单位，公安派出所还应当检查单位是否对建筑消防设施定期组织维修保养。对居民住宅区的物业服务企业进行日常消防监督检查，公安派出所除检查前述第（2）至（4）项内容外，还应当检查物业服务企业对管理区域内共用消防设施是否进行维护管理。

> ◆ **第五十四条　消除火灾隐患**
>
> 　　消防救援机构在消防监督检查中发现火灾隐患的，应当通知有关单位或者个人立即采取措施消除隐患；不及时消除隐患可能严重威胁公共安全的，消防救援机构应当依照规定对危险部位或者场所采取临时查封措施。

名词解释

火灾隐患，是指明显存在的或者潜在的可能引起火灾的各种不安全因素。

实用问答

1. 如何认定存在火灾隐患？

答：根据《消防监督检查规定》第38条第1款的规定，具有下列情形之一的，应当确定为火灾隐患：（1）影响人员安全疏散或者灭火救援行动，不能立即改正的；（2）消防设施未保持完好有效，影响防火灭火功能的；（3）擅自改变防火分区，容易导致火势蔓延、扩大的；（4）在人员密集场所违反消防安全规定，使用、储存易燃易爆危险品，不能立即改正的；（5）不符合城市消防安全布局要求，影响公共安全的；（6）其他可能增加火灾实质危险性或者危害性的情形。

2. 在消防监督检查中发现火灾隐患的，如何处理？

答：根据《消防监督检查规定》第22条第1款的规定，公安机关消防机构[①]在消防监督检查中发现火灾隐患，应当通知有关单位或

[①] 现为消防救援机构。——编者注

者个人立即采取措施消除；对具有下列情形之一，不及时消除可能严重威胁公共安全的，应当对危险部位或者场所予以临时查封：(1) 疏散通道、安全出口数量不足或者严重堵塞，已不具备安全疏散条件的；(2) 建筑消防设施严重损坏，不再具备防火灭火功能的；(3) 人员密集场所违反消防安全规定，使用、储存易燃易爆危险品的；(4) 公众聚集场所违反消防技术标准，采用易燃、可燃材料装修，可能导致重大人员伤亡的；(5) 其他可能严重威胁公共安全的火灾隐患。

3. 临时查封期限届满后，当事人仍未消除火灾隐患的，应该如何处理？

答：根据《消防监督检查规定》第 22 条第 2 款的规定，临时查封期限不得超过 30 日。临时查封期限届满后，当事人仍未消除火灾隐患的，公安机关消防机构[①]可以再次依法予以临时查封。

4. 火灾隐患消除后，如何解除临时查封？

答：根据《消防监督检查规定》第 25 条的规定，火灾隐患消除后，当事人应当向作出临时查封决定的公安机关消防机构[②]申请解除临时查封。公安机关消防机构[③]应当自收到申请之日起 3 个工作日内进行检查，自检查之日起 3 个工作日内作出是否同意解除临时查封的决定，并送达当事人。对检查确认火灾隐患已消除的，应当作出解除临时查封的决定。

---

① 现为消防救援机构。——编者注
② 现为消防救援机构。——编者注
③ 现为消防救援机构。——编者注

◆ 第五十五条　重大火灾隐患的发现及处理

消防救援机构在消防监督检查中发现城乡消防安全布局、公共消防设施不符合消防安全要求，或者发现本地区存在影响公共安全的重大火灾隐患的，应当由<u>应急管理部门书面报告本级人民政府</u>。

接到报告的人民政府应当及时核实情况，组织或者责成有关部门、单位采取措施，予以整改。

实用问答

1. 如何认定重大火灾隐患？

答：根据《消防监督检查规定》第38条第2款的规定，重大火灾隐患按照国家有关标准认定。

2. 消防救援机构在消防监督检查中发现城乡消防安全布局、公共消防设施不符合消防安全要求，或者发现本地区存在影响公共安全的重大火灾隐患的，应当怎么办？

答：根据《消防监督检查规定》第21条的规定，在消防监督检查中，发现城乡消防安全布局、公共消防设施不符合消防安全要求，或者发现本地区存在影响公共安全的重大火灾隐患的，公安机关消防机构[①]应当组织集体研究确定，自检查之日起7个工作日内提出处理意见，由所属公安机关[②]书面报告本级人民政府解决；对影响公共安全的重大火灾隐患，还应当在确定之日起3个工作日内制作、送达重大火灾隐患整改通知书。重大火灾隐患判定涉及复杂或者疑难

[①] 现为消防救援机构。——编者注
[②] 现为应急管理部门。——编者注

技术问题的，公安机关消防机构①应当在确定前组织专家论证。组织专家论证的，前述规定的期限可以延长 10 个工作日。

◆ **第五十六条　相关部门及其工作人员应当遵循的执法原则**

住房和城乡建设主管部门、消防救援机构及其工作人员应当按照法定的职权和程序进行消防设计审查、消防验收、备案抽查和消防安全检查，做到公正、严格、文明、高效。

住房和城乡建设主管部门、消防救援机构及其工作人员进行消防设计审查、消防验收、备案抽查和消防安全检查等，不得收取费用，不得利用职务谋取利益；不得利用职务为用户、建设单位指定或者变相指定消防产品的品牌、销售单位或者消防技术服务机构、消防设施施工单位。

实用问答

住房和城乡建设主管部门、消防救援机构及其工作人员在执行职务时，应当遵循哪些原则？

答：住房和城乡建设主管部门、消防救援机构及其工作人员在执行职务时，应当遵循以下原则：（1）公正。公正就是要求住房和城乡建设主管部门、消防救援机构及其工作人员在执行职务的过程中，大公无私、不偏不倚，把维护好、发展好、保护好广大人民群众的利益作为处理各种问题的出发点。（2）严格。严格就是要求住房和城乡建设主管部门、消防救援机构及其工作人员在执行职务的过程中，严格依照法律、法规执法，做到"有法必依、执法必严、违法必究"。（3）文明。文明就是要求住房和城乡建设主管部门、消

---

① 现为消防救援机构。——编者注

防救援机构及其工作人员在执行职务的过程中，尊重当事人的人格，以理服人、以法服人，而不是以权压人。要讲究语言、行为的方式，讲究工作方法，使行政相对人服气服法、人民群众满意，真正体现全心全意为人民服务的宗旨。（4）高效。高效就是要求住房和城乡建设主管部门、消防救援机构及其工作人员通过提高自身业务素质和办案能力，改进工作作风，提高执法效率。

> ◆ **第五十七条　社会和公民监督**
>
> 　　住房和城乡建设主管部门、消防救援机构及其工作人员执行职务，应当<u>自觉接受社会和公民的监督</u>。
> 　　任何单位和个人都有权对住房和城乡建设主管部门、消防救援机构及其工作人员在执法中的违法行为进行检举、控告。收到检举、控告的机关，应当按照职责及时查处。

名词解释

　　<u>社会监督</u>，是指由各类社会组织依法对住房和城乡建设主管部门、消防救援机构及其工作人员有关消防安全监督管理行为的合法性、合理性所进行的监督。

　　<u>公民监督</u>，是指公民通过投诉、信访、举报、检举、复议、控告、申诉等形式对住房和城乡建设主管部门、消防救援机构可能存在的问题予以反映、揭露和批评。

实用问答

1. 任何单位和个人对住房和城乡建设主管部门、消防救援机构及其工作人员在执法中的违法行为进行检举、控告的情形有哪些？

　　答：任何单位和个人对住房和城乡建设主管部门、消防救援机构及其工作人员在执法中的违法行为进行检举、控告的情形有两种：（1）住房和城乡建设主管部门、消防救援机构及其工作人员在执法时，其违法执法或执法不当行为对单位和公民的个人权益造成了损害，受到侵害的单位或者个人依法向有关机关提出检举、控告。此时，检举、控告的内容与检举人、控告人密切相关。（2）住房和城乡建设主管部门、消防救援机构及其工作人员在执法时，其违法执法或执法不当行为对社会或他人的合法权益造成了损害，非直接受害人依法向有权机关提出检举、控告。此时，检举、控告的内容与检举人、控告人的自身利益没有关系。

2. 检举、控告的形式有哪些？

答：检举、控告可以采用口头形式，也可以采用书面形式。

第六章 法 律 责 任

◆ **第五十八条 对不符合消防设计审核、消防验收、消防安全检查要求等行为的处罚**

违反本法规定,有下列行为之一的,由住房和城乡建设主管部门、消防救援机构按照各自职权责令停止施工、停止使用或者停产停业,并处三万元以上三十万元以下罚款:

(一)依法应当进行消防设计审查的建设工程,未经依法审查或者审查不合格,擅自施工的;

(二)依法应当进行消防验收的建设工程,未经消防验收或者消防验收不合格,擅自投入使用的;

(三)本法第十三条规定的其他建设工程验收后经依法抽查不合格,不停止使用的;

(四)公众聚集场所未经消防救援机构许可,擅自投入使用、营业的,或者经核查发现场所使用、营业情况与承诺内容不符的。

核查发现公众聚集场所使用、营业情况与承诺内容不符,经责令限期改正,逾期不整改或者整改后仍达不到要求的,依法撤销相应许可。

建设单位未依照本法规定在验收后报住房和城乡建设主管部门备案的,由住房和城乡建设主管部门责令改正,处五千元以下罚款。

实用问答

公众聚集场所使用功能和经营内容发生变化,是否需要进行消防检查?

答:根据《消防法》第 15 条的规定,公众聚集场所在投入使用、营业前,建设单位或者使用单位应当向场所所在地的县级以上地方人民政府消防救援机构申请消防安全检查。公众聚集场所未经消防救援机构许可的,不得投入使用、营业。有些公众聚集场所由于市场变化,改变了使用功能和经营内容,如由商场变更为歌舞厅,也必须进行消防安全检查,检查合格后,方可使用或者开始营业。

◆ **第五十九条 对不按消防技术标准设计、施工的行为的处罚**

违反本法规定,有下列行为之一的,由住房和城乡建设主管部门责令改正或者停止施工,并处一万元以上十万元以下罚款:

(一)建设单位要求建筑设计单位或者建筑施工企业降低消防技术标准设计、施工的;

(二)建筑设计单位不按照消防技术标准强制性要求进行消防设计的;

(三)建筑施工企业不按照消防设计文件和消防技术标准施工,降低消防施工质量的;

(四)工程监理单位与建设单位或者建筑施工企业串通,弄虚作假,降低消防施工质量的。

◆ 第六十条　对违背消防安全职责行为的处罚

单位违反本法规定，有下列行为之一的，责令改正，处五千元以上五万元以下罚款：

（一）消防设施、器材或者消防安全标志的配置、设置不符合国家标准、行业标准，或者未保持完好有效的；

（二）损坏、挪用或者擅自拆除、停用消防设施、器材的；

（三）占用、堵塞、封闭疏散通道、安全出口或者有其他妨碍安全疏散行为的；

（四）埋压、圈占、遮挡消火栓或者占用防火间距的；

（五）占用、堵塞、封闭消防车通道，妨碍消防车通行的；

（六）人员密集场所在门窗上设置影响逃生和灭火救援的障碍物的；

（七）对火灾隐患经消防救援机构通知后不及时采取措施消除的。

个人有前款第二项、第三项、第四项、第五项行为之一的，处警告或者五百元以下罚款。

有本条第一款第三项、第四项、第五项、第六项行为，经责令改正拒不改正的，强制执行，所需费用由违法行为人承担。

📝 名词解释

强制执行，是指消防救援机构对不履行其作出的生效行政决定，以及拒不履行有关消防安全义务的单位和个人，依其职权或者申请人民法院强制相对人履行义务或达到与履行义务相同状态的行政行为。

> **实用问答**

1. 对单位履行法定消防安全职责情况的监督抽查，应当检查哪些内容？

答：根据《消防监督检查规定》第 10 条的规定，对单位履行法定消防安全职责情况的监督抽查，应当根据单位的实际情况检查下列内容：（1）建筑物或者场所是否依法通过消防验收或者进行竣工验收消防备案，公众聚集场所是否通过投入使用、营业前的消防安全检查；（2）建筑物或者场所的使用情况是否与消防验收或者进行竣工验收消防备案时确定的使用性质相符；（3）消防安全制度、灭火和应急疏散预案是否制定；（4）消防设施、器材和消防安全标志是否定期组织维修保养，是否完好有效；（5）电器线路、燃气管路是否定期维护保养、检测；（6）疏散通道、安全出口、消防车通道是否畅通，防火分区是否改变，防火间距是否被占用；（7）是否组织防火检查、消防演练和员工消防安全教育培训，自动消防系统操作人员是否持证上岗；（8）生产、储存、经营易燃易爆危险品的场所是否与居住场所设置在同一建筑物内；（9）生产、储存、经营其他物品的场所与居住场所设置在同一建筑物内的，是否符合消防技术标准；（10）其他依法需要检查的内容。对人员密集场所还应当抽查室内装修材料是否符合消防技术标准、外墙门窗上是否设置影响逃生和灭火救援的障碍物。

2. 强制执行的相关行为是否一定由行政相对人实施？

答：强制执行不一定由行政相对人具体实施相关行为，也可以通过其他人的行为实施，只要能达到与履行义务相同的状态即可。对于后一种方式进行的强制执行，可能会产生一定的费用，对拒不履行消防安全义务的行为，经责令改正拒不改正而予以强制执行的，

第六章　法律责任　073

所产生的费用由违法行为人承担。

◆ **第六十一条　对易燃易爆危险品生产经营场所设置不符合规定的处罚**

生产、储存、经营易燃易爆危险品的场所与居住场所设置在同一建筑物内，或者未与居住场所保持安全距离的，责令停产停业，并处五千元以上五万元以下罚款。

生产、储存、经营其他物品的场所与居住场所设置在同一建筑物内，不符合消防技术标准的，依照前款规定处罚。

◆ **第六十二条　对涉及消防的违反治安管理行为的处罚**

有下列行为之一的，依照《中华人民共和国治安管理处罚法》的规定处罚：

（一）违反有关消防技术标准和管理规定生产、储存、运输、销售、使用、销毁易燃易爆危险品的；

（二）非法携带易燃易爆危险品进入公共场所或者乘坐公共交通工具的；

（三）谎报火警的；

（四）阻碍消防车、消防艇执行任务的；

（五）阻碍消防救援机构的工作人员依法执行职务的。

实用问答

1. 违反有关消防技术标准和管理规定生产、储存、运输、销售、使用、销毁易燃易爆危险品的，应当如何处罚？

答：《治安管理处罚法》第 30 条规定，违反国家规定，制造、买卖、储存、运输、邮寄、携带、使用、提供、处置爆炸性、毒害性、放射性、腐蚀性物质或者传染病病原体等危险物质的，处10日以上15日以下拘留；情节较轻的，处5日以上10日以下拘留。"违反有关消防技术标准和管理规定生产、储存、运输、销售、使用、销毁易燃易爆危险品"的行为适用《治安管理处罚法》第30条中"违反国家规定，制造、买卖、储存、运输、使用、处置爆炸性等危险物质"的规定，应当处10日以上15日以下拘留；情节较轻的，处5日以上10日以下拘留。

2. 非法携带易燃易爆危险品进入公共场所或者乘坐公共交通工具的，应当如何处罚？

答：《治安管理处罚法》第30条规定，违反国家规定，制造、买卖、储存、运输、邮寄、携带、使用、提供、处置爆炸性、毒害性、放射性、腐蚀性物质或者传染病病原体等危险物质的，处10日以上15日以下拘留；情节较轻的，处5日以上10日以下拘留。"非法携带易燃易爆危险品进入公共场所或者乘坐公共交通工具"的行为适用《治安管理处罚法》第30条中"违反国家规定，携带爆炸性等危险物质"的规定，应当处10日以上15日以下拘留；情节较轻的，处5日以上10日以下拘留。

3. 谎报火警的，应当如何处罚？

答：《消防法》第44条第1款中规定，严禁谎报火警。《治安管理处罚法》第25条第1项规定，散布谣言，谎报险情、疫情、警情或者以其他方法故意扰乱公共秩序的，处5日以上10日以下拘留，可以并处500元以下罚款；情节较轻的，处5日以下拘留或者500元以下罚款。"谎报火警"的行为适用《治安管理处罚法》第25条第1项中"散布谣言，谎报险情、警情"的规定，应当处5日以上10日以下拘留，可以并处500元以下罚款；情节较轻的，处5日以下拘留或者500元以下罚款。

4. 阻碍消防车、消防艇执行任务的，应当如何处罚？

答：《治安管理处罚法》第50条第1款第3项规定，阻碍执行紧急任务的消防车、救护车、工程抢险车、警车等车辆通行的，处警告或者200元以下罚款；情节严重的，处5日以上10日以下拘留，可以并处500元以下罚款。"阻碍消防车、消防艇执行任务"的行为适用《治安管理处罚法》第50条第1款第3项中"阻碍执行紧急任务的消防车等车辆通行"的规定，应当处警告或者200元以下罚款；情节严重的，处5日以上10日以下拘留，可以并处500元以下罚款。

5. 阻碍消防救援机构的工作人员依法执行职务的，应当如何处罚？

答：《治安管理处罚法》第50条第1款第2项规定，阻碍国家机关工作人员依法执行职务的，处警告或者200元以下罚款；情节严重的，处5日以上10日以下拘留，可以并处500元以下罚款。"阻碍消防救援机构的工作人员依法执行职务"的行为适用《治安管理处罚法》第50条第1款第2项"阻碍国家机关工作人员依法执行职务"的规定，处警告或者200元以下罚款；情节严重的，处5日以上10日以下拘留，可以并处500元以下罚款。

◆ 第六十三条　对违反危险场所消防管理规定行为的处罚

违反本法规定，有下列行为之一的，处警告或者五百元以下罚款；情节严重的，处五日以下拘留：

（一）违反消防安全规定进入生产、储存易燃易爆危险品场所的；

（二）违反规定使用明火作业或者在具有火灾、爆炸危险的场所吸烟、使用明火的。

> **实用问答**

1. 违反消防安全规定进入生产、储存易燃易爆危险品场所的行为主要有哪些？

答：违反消防安全规定进入生产、储存易燃易爆危险品场所的行为主要包括以下几种：（1）未经批准擅自进入禁止或者限制进入的生产、储存易燃易爆危险品的场所；（2）未采取必要的消防安全防范措施进入生产、储存易燃易爆危险品的场所；（3）携带火种等违禁物品进入生产、储存易燃易爆危险品的场所。

2. 违反规定使用明火作业或者在具有火灾、爆炸危险的场所吸烟、使用明火的行为主要有哪些？

答：违反规定使用明火作业或者在具有火灾、爆炸危险的场所吸烟、使用明火的行为主要包括以下几种：（1）违反法律、法规、规章以及有关部门、行业和单位的规定使用明火作业，包括在禁止使用明火作业的期间、场所使用明火作业和未经批准手续在限制使用明火作业的期间、场所使用明火作业；（2）违反规定在具有火灾、爆炸危险的场所吸烟；（3）违反规定在具有火灾、爆炸危险的场所使用明火。

◆ **第六十四条　对过失引起火灾、阻拦报火警等行为的处罚**

违反本法规定，有下列行为之一，尚不构成犯罪的，处十日以上十五日以下拘留，可以并处五百元以下罚款；情节较轻的，处警告或者五百元以下罚款：

（一）指使或者强令他人违反消防安全规定，冒险作业的；

（二）过失引起火灾的；

（三）在火灾发生后阻拦报警，或者负有报告职责的人员不及时报警的；

（四）扰乱火灾现场秩序，或者拒不执行火灾现场指挥员指挥，影响灭火救援的；

（五）故意破坏或者伪造火灾现场的；

（六）擅自拆封或者使用被消防救援机构查封的场所、部位的。

实用问答

1. 什么是指使或者强令他人违反消防安全规定，冒险作业？

答：指使或者强令他人违反消防安全规定，冒险作业，主要是指单位负责施工、生产、作业的管理人员或者指挥生产、作业的人员，明知自己的行为违反了消防安全规定，仍然指示或者强迫命令他人违反消防安全规定进行作业，致使作业场所的消防安全处于危险之中的行为。

2. 什么是过失引起火灾？

答：过失引起火灾，是指行为人应当预见自己的行为可能引起火灾，因为疏忽大意而没有预见，或者已经预见却轻信能够避免，以致发生火灾的行为。如使用燃气用具不当引起室内火灾、易燃物品仓库管理人员疏于管理造成失火等。对于过失引起火灾的行为，因为当事人主观上存在过错，客观上造成了火灾后果，应当予以处罚。

◆ **第六十五条　对生产、销售、使用不合格或国家明令淘汰的消防产品行为的处理**

违反本法规定，生产、销售不合格的消防产品或者国家明令淘汰的消防产品的，由产品质量监督部门或者工商行政管理部门依照《中华人民共和国产品质量法》的规定从重处罚。

人员密集场所使用不合格的消防产品或者国家明令淘汰的消防产品的，责令限期改正；逾期不改正的，处五千元以上五万元以下罚款，并对其直接负责的主管人员和其他直接责任人员处五百元以上二千元以下罚款；情节严重的，责令停产停业。

消防救援机构对于本条第二款规定的情形，除依法对使用者予以处罚外，应当将发现不合格的消防产品和国家明令淘汰的消防产品的情况通报产品质量监督部门、工商行政管理部门。产品质量监督部门、工商行政管理部门应当对生产者、销售者依法及时查处。

实用问答

1. 生产、销售不合格的消防产品或者国家明令淘汰的消防产品，应当如何处罚？

答：生产、销售不合格的消防产品或者国家明令淘汰的消防产品的，由市场监督管理部门依照《产品质量法》的规定从重处罚。《产品质量法》第49条规定，生产、销售不符合保障人体健康和人身、财产安全的国家标准、行业标准的产品的，责令停止生产、销售，没收违法生产、销售的产品，并处违法生产、销售产品（包括已售出和未售出的产品，下同）货值金额等值以上3倍以下的罚款；有违法所得的，并处没收违法所得；情节严重的，吊销营业执照；

构成犯罪的,依法追究刑事责任。第 50 条规定,在产品中掺杂、掺假,以假充真,以次充好,或者以不合格产品冒充合格产品的,责令停止生产、销售,没收违法生产、销售的产品,并处违法生产、销售产品货值金额 50% 以上 3 倍以下的罚款;有违法所得的,并处没收违法所得;情节严重的,吊销营业执照;构成犯罪的,依法追究刑事责任。第 51 条规定,生产国家明令淘汰的产品的,销售国家明令淘汰并停止销售的产品的,责令停止生产、销售,没收违法生产、销售的产品,并处违法生产、销售产品货值金额等值以下的罚款;有违法所得的,并处没收违法所得;情节严重的,吊销营业执照。

2. 非人员密集场所使用不符合市场准入的消防产品、不合格的消防产品或者国家明令淘汰的消防产品的,应当如何处罚?

答: 根据《消防产品监督管理规定》第 36 条第 2 款的规定,非人员密集场所使用不符合市场准入的消防产品、不合格的消防产品或者国家明令淘汰的消防产品的,责令限期改正;逾期不改正的,对非经营性场所处 500 元以上 1000 元以下罚款,对经营性场所处 5000 元以上 1 万元以下罚款,并对直接负责的主管人员和其他直接责任人员处 500 元以下罚款。

> ◆ **第六十六条 对电器产品、燃气用具的安装、使用等不符合消防技术标准和管理规定的处罚**
>
> 电器产品、燃气用具的安装、使用及其线路、管路的设计、敷设、维护保养、检测不符合消防技术标准和管理规定的,责令限期改正;逾期不改正的,责令停止使用,可以并处一千元以上五千元以下罚款。

◆ **第六十七条　单位未履行消防安全职责的法律责任**

机关、团体、企业、事业等单位违反本法第十六条、第十七条、第十八条、第二十一条第二款规定的，责令限期改正；逾期不改正的，对其直接负责的主管人员和其他直接责任人员依法给予处分或者给予警告处罚。

◆ **第六十八条　人员密集场所现场工作人员不履行职责的法律责任**

人员密集场所发生火灾，该场所的现场工作人员不履行组织、引导在场人员疏散的义务，情节严重，尚不构成犯罪的，处五日以上十日以下拘留。

◆ **第六十九条　消防技术服务机构失职的法律责任**

消防设施维护保养检测、消防安全评估等消防技术服务机构，不具备从业条件从事消防技术服务活动或者出具虚假文件的，由消防救援机构责令改正，处五万元以上十万元以下罚款，并对直接负责的主管人员和其他直接责任人员处一万元以上五万元以下罚款；不按照国家标准、行业标准开展消防技术服务活动的，责令改正，处五万元以下罚款，并对直接负责的主管人员和其它直接责任人员处一万元以下罚款；有违法所得的，并处没收违法所得；给他人造成损失的，依法承担赔偿责任；情节严重的，依法责令停止执业或者吊销相应资格；造成重大损失的，由相关部门吊销营业执照，并对有关责任人员采取终身市场禁入措施。

前款规定的机构出具失实文件，给他人造成损失的，依法承担赔偿责任；造成重大损失的，由消防救援机构依法责令停止执业或者吊销相应资格，由相关部门吊销营业执照，并对有关责任人员采取终身市场禁入措施。

📝 名词解释

<u>出具虚假文件</u>，是指在进行消防产品质量认证、消防设施检测过程中，故意提供与事实不符的相关证明文件，既包括伪造的证明文件，也包括形式合法而内容虚假的证明文件。

◆ 第七十条　对违反消防行为的处罚程序

本法规定的行政处罚，除应当由公安机关依照《中华人民共和国治安管理处罚法》的有关规定决定的外，由<u>住房和城乡建设主管部门、消防救援机构按照各自职权决定</u>。

被责令停止施工、停止使用、停产停业的，应当在整改后向作出决定的部门或者机构报告，经检查合格，方可恢复施工、使用、生产、经营。

当事人逾期不执行停产停业、停止使用、停止施工决定的，由作出决定的部门或者机构强制执行。

责令停产停业，对经济和社会生活影响较大的，由住房和城乡建设主管部门或者应急管理部门报请本级人民政府依法决定。

📄 实用问答

行政处罚的种类有哪些？

答：行政处罚的种类具体包括责令限期改正、责令改正、责令停止施工、责令停止使用、责令停产停业、没收违法所得、警告、罚款等。

◆ **第七十一条　有关主管部门的工作人员滥用职权、玩忽职守、徇私舞弊的法律责任**

住房和城乡建设主管部门、消防救援机构的工作人员滥用职权、玩忽职守、徇私舞弊，有下列行为之一，尚不构成犯罪的，依法给予处分：

（一）对不符合消防安全要求的消防设计文件、建设工程、场所准予审查合格、消防验收合格、消防安全检查合格的；

（二）无故拖延消防设计审查、消防验收、消防安全检查，不在法定期限内履行职责的；

（三）发现火灾隐患不及时通知有关单位或者个人整改的；

（四）利用职务为用户、建设单位指定或者变相指定消防产品的品牌、销售单位或者消防技术服务机构、消防设施施工单位的；

（五）将消防车、消防艇以及消防器材、装备和设施用于与消防和应急救援无关的事项的；

（六）其他滥用职权、玩忽职守、徇私舞弊的行为。

产品质量监督、工商行政管理等其他有关行政主管部门的工作人员在消防工作中滥用职权、玩忽职守、徇私舞弊，尚不构成犯罪的，依法给予处分。

名词解释

滥用职权，是指负有特定职权的人违反法律、法规规定的权限和程序，滥用权力，给国家和人民利益造成损失。

玩忽职守，是指负有特定职务的人员，不履行、不认真履行或者不正确履行职责，给国家和人民的利益造成损失。玩忽职守通常表现为违反工作纪律和规章制度，工作马虎草率，极端不负责任或者推诿扯皮等。

徇私舞弊，是指为徇亲友私情或者某种利益而置国家利益于不顾，弄虚作假，不按工作原则和规定办事。

◆ **第七十二条 刑事责任**

违反本法规定，构成犯罪的，依法追究刑事责任。

实用问答

1. 违反消防管理法规，经消防监督机构通知采取改正措施而拒绝执行，造成严重后果的，如何追究刑事责任？

答：根据《刑法》第 139 条的规定，违反消防管理法规，经消防监督机构通知采取改正措施而拒绝执行，造成严重后果的，对直接责任人员，处 3 年以下有期徒刑或者拘役；后果特别严重的，处 3 年以上 7 年以下有期徒刑。

2. 住房和城乡建设主管部门、消防救援机构的工作人员滥用职权、玩忽职守、徇私舞弊，构成犯罪的，如何追究刑事责任？

答：根据《刑法》第 397 条的规定，国家机关工作人员滥用职权或者玩忽职守，致使公共财产、国家和人民利益遭受重大损失的，处 3 年以下有期徒刑或者拘役；情节特别严重的，处 3 年以上 7 年以下有期徒刑。《刑法》另有规定的，依照规定。国家机关工作人员徇私舞弊，犯滥用职权罪和玩忽职守罪的，处 5 年以下有期徒刑或者拘役；情节特别严重的，处 5 年以上 10 年以下有期徒刑。《刑法》另有规定的，依照规定。

第七章　附　　则

◆ **第七十三条　用语含义**

本法下列用语的含义：

（一）消防设施，是指火灾自动报警系统、自动灭火系统、消火栓系统、防烟排烟系统以及应急广播和应急照明、安全疏散设施等。

（二）消防产品，是指专门用于火灾预防、灭火救援和火灾防护、避难、逃生的产品。

（三）公众聚集场所，是指宾馆、饭店、商场、集贸市场、客运车站候车室、客运码头候船厅、民用机场航站楼、体育场馆、会堂以及公共娱乐场所等。

（四）人员密集场所，是指公众聚集场所，医院的门诊楼、病房楼，学校的教学楼、图书馆、食堂和集体宿舍，养老院，福利院，托儿所，幼儿园，公共图书馆的阅览室，公共展览馆、博物馆的展示厅，劳动密集型企业的生产加工车间和员工集体宿舍，旅游、宗教活动场所等。

◆ **第七十四条　施行日期**

本法自 2009 年 5 月 1 日起施行。

附录一　法律法规

中华人民共和国消防救援衔条例

（2018年10月26日第十三届全国人民代表大会常务委员会第六次会议通过　2018年10月26日中华人民共和国主席令第14号公布　自2018年10月27日起施行）

第一章　总　　则

第一条　为了加强国家综合性消防救援队伍正规化、专业化、职业化建设，增强消防救援人员的责任感、荣誉感和组织纪律性，有利于国家综合性消防救援队伍的指挥、管理和依法履行职责，根据宪法，制定本条例。

第二条　国家综合性消防救援队伍实行消防救援衔制度。

消防救援衔授予对象为纳入国家行政编制、由国务院应急管理部门统一领导管理的综合性消防救援队伍在职人员。

第三条　消防救援衔是表明消防救援人员身份、区分消防救援人员等级的称号和标志，是国家给予消防救援人员的荣誉和相应待遇的依据。

第四条　消防救援衔高的人员对消防救援衔低的人员，消防救援衔高的为上级。消防救援衔高的人员在职务上隶属于消防救援衔低的人员时，担任领导职务或者领导职务高的为上级。

第五条　国务院应急管理部门主管消防救援衔工作。

第二章　消防救援衔等级的设置

第六条　消防救援衔按照管理指挥人员、专业技术人员和消防员分别设置。

第七条　管理指挥人员消防救援衔设下列三等十一级：

（一）总监、副总监、助理总监；

（二）指挥长：高级指挥长、一级指挥长、二级指挥长、三级指挥长；

（三）指挥员：一级指挥员、二级指挥员、三级指挥员、四级指挥员。

第八条　专业技术人员消防救援衔设下列二等八级，在消防救援衔前冠以"专业技术"：

（一）指挥长：高级指挥长、一级指挥长、二级指挥长、三级指挥长；

（二）指挥员：一级指挥员、二级指挥员、三级指挥员、四级指挥员。

第九条　消防员消防救援衔设下列三等八级：

（一）高级消防员：一级消防长、二级消防长、三级消防长；

（二）中级消防员：一级消防士、二级消防士；

（三）初级消防员：三级消防士、四级消防士、预备消防士。

第三章　消防救援衔等级的编制

第十条　管理指挥人员按照下列职务等级编制消防救援衔：

（一）国务院应急管理部门正职：总监；

（二）国务院应急管理部门消防救援队伍领导指挥机构、森林消防队伍领导指挥机构正职：副总监；

（三）国务院应急管理部门消防救援队伍领导指挥机构、森林消防队伍领导指挥机构副职：助理总监；

（四）总队级正职：高级指挥长；

（五）总队级副职：一级指挥长；

（六）支队级正职：二级指挥长；

（七）支队级副职：三级指挥长；

（八）大队级正职：一级指挥员；

（九）大队级副职：二级指挥员；

（十）站（中队）级正职：三级指挥员；

（十一）站（中队）级副职：四级指挥员。

第十一条 专业技术人员按照下列职务等级编制消防救援衔：

（一）高级专业技术职务：高级指挥长至三级指挥长；

（二）中级专业技术职务：一级指挥长至二级指挥员；

（三）初级专业技术职务：三级指挥长至四级指挥员。

第十二条 消防员按照下列工作年限编制消防救援衔：

（一）工作满二十四年的：一级消防长；

（二）工作满二十年的：二级消防长；

（三）工作满十六年的：三级消防长；

（四）工作满十二年的：一级消防士；

（五）工作满八年的：二级消防士；

（六）工作满五年的：三级消防士；

（七）工作满二年的：四级消防士；

（八）工作二年以下的：预备消防士。

第四章 消防救援衔的首次授予

第十三条 授予消防救援衔，以消防救援人员现任职务、德才表现、学历学位、任职时间和工作年限为依据。

第十四条 初任管理指挥人员、专业技术人员，按照下列规定首次授予消防救援衔：

（一）从普通高等学校毕业生中招录，取得大学专科、本科学历的，授予四级指挥员消防救援衔；取得硕士学位的研究生，授予三级指挥员消防救援衔；取得博士学位的研究生，授予一级指挥员消防救援衔；

（二）从消防员选拔任命为管理指挥人员、专业技术人员的，按照所任命的职务等级授予相应的消防救援衔；

（三）从国家机关或者其他救援队伍调入的，或者从符合条件的社会人员中招录的，按照所任命的职务等级授予相应的消防救援衔。

第十五条 初任消防员，按照下列规定首次授予消防救援衔：

（一）从高中毕业生、普通高等学校在校生或者毕业生中招录的，授予预备消防士；

（二）从退役士兵中招录的，其服役年限计入工作时间，按照本条例第十二条的规定，授予相应的消防救援衔；

（三）从其他救援队伍或者具备专业技能的社会人员中招录的，根据其从事相关专业工作时间，比照国家综合性消防救援队伍中同等条件人员，授予相应的消防救援衔。

第十六条 首次授予管理指挥人员、专业技术人员消防救援衔，按照下列规定的权限予以批准：

（一）授予总监、副总监、助理总监，由国务院总理批准；

（二）授予高级指挥长、一级指挥长、二级指挥长，由国务院应急管理部门正职领导批准；

（三）授予三级指挥长、一级指挥员，报省、自治区、直辖市人民政府应急管理部门同意后由总队级单位正职领导批准，其中森林消防队伍人员由国务院应急管理部门森林消防队伍领导指挥机构正职领导批准；

（四）授予二级指挥员、三级指挥员、四级指挥员，由总队级单位正职领导批准。

第十七条 首次授予消防员消防救援衔，按照下列规定的权限予以批准：

（一）授予一级消防长、二级消防长、三级消防长，由国务院应急管理部门消防救援队伍领导指挥机构、森林消防队伍领导指挥机构正职领导批准；

（二）授予一级消防士、二级消防士、三级消防士、四级消防士、预备消防士，由总队级单位正职领导批准。

第五章　消防救援衔的晋级

第十八条 消防救援衔一般根据职务等级调整情况或者工作年限逐级晋升。

消防救援人员晋升上一级消防救援衔，应当胜任本职工作，遵纪守法，廉洁奉公，作风正派。

消防救援人员经培训合格后，方可晋升上一级消防救援衔。

第十九条 管理指挥人员、专业技术人员的消防救援衔晋升，一般与其职务等级晋升一致。

消防员的消防救援衔晋升，按照本条例第十二条的规定执行。通过全国普通高等学校招生统一考试、取得全日制大学专科以上学历的消防员晋升消防救援衔，其按照规定学制在普通高等学校学习的时间视同工作时间，但不计入工龄。

第二十条 管理指挥人员、专业技术人员消防救援衔晋升，按照下列规定的权限予以批准：

（一）晋升为总监、副总监、助理总监，由国务院总理批准；

（二）晋升为高级指挥长、一级指挥长，由国务院应急管理部门正职领导批准；

（三）晋升为二级指挥长，报省、自治区、直辖市人民政府应急管理部门同意后由总队级单位正职领导批准，其中森林消防队伍人员由国务院应急管理部门森林消防队伍领导指挥机构正职领导批准；

（四）晋升为三级指挥长、一级指挥员，由总队级单位正职领导批准；

（五）晋升为二级指挥员、三级指挥员，由支队级单位正职领导批准。

第二十一条 消防员消防救援衔晋升，按照下列规定的权限予以批准：

（一）晋升为一级消防长、二级消防长、三级消防长，由国务院应急管理部门消防救援队伍领导指挥机构、森林消防队伍领导指挥机构正职领导批准；

（二）晋升为一级消防士、二级消防士，由总队级单位正职领导批准；

（三）晋升为三级消防士、四级消防士，由支队级单位正职领导批准。

第二十二条 消防救援人员在消防救援工作中做出重大贡献、德才表现突出的，其消防救援衔可以提前晋升。

第六章 消防救援衔的保留、降级和取消

第二十三条 消防救援人员退休后，其消防救援衔予以保留。

消防救援人员按照国家规定退出消防救援队伍，或者调离、辞职、被辞退的，其消防救援衔不予保留。

第二十四条　消防救援人员因不胜任现任职务被调任下级职务的,其消防救援衔应当调整至相应衔级,调整的批准权限与原衔级的批准权限相同。

第二十五条　消防救援人员受到降级、撤职处分的,应当相应降低消防救援衔,降级的批准权限与原衔级的批准权限相同。

消防救援衔降级不适用于四级指挥员和预备消防士。

第二十六条　消防救援人员受到开除处分的,以及因犯罪被依法判处剥夺政治权利或者有期徒刑以上刑罚的,其消防救援衔相应取消。

消防救援人员退休后犯罪的,适用前款规定。

第七章　附　则

第二十七条　消防救援衔标志式样和佩带办法,由国务院制定。

第二十八条　本条例自 2018 年 10 月 27 日起施行。

中华人民共和国消防救援衔标志式样和佩带办法

(2018 年 11 月 6 日国务院令第 705 号公布施行)

第一条　根据《中华人民共和国消防救援衔条例》的规定,制定本办法。

第二条　消防救援人员佩带的消防救援衔标志必须与所授予的消防救援衔相符。

第三条　消防救援人员的消防救援衔标志:总监、副总监、助理总监衔标志由金黄色橄榄枝环绕金黄色徽标组成，徽标由五角星、雄鹰翅膀、消防斧和消防水带构成；指挥长、指挥员衔标志由金黄色横杠和金黄色六角星花组成；高级消防员、中级消防员和初级消防员中的三级消防士、四级消防士衔标志由金黄色横杠和金黄色徽标组成，徽标由交叉斧头、水枪、紧握手腕和雄鹰翅膀构成，预备消防士衔标志为金黄色横杠。

第四条 消防救援衔标志佩带在肩章和领章上，肩章分为硬肩章、软肩章和套式肩章，硬肩章、软肩章为剑形，套式肩章、领章为四边形；肩章、领章版面为深火焰蓝色。消防救援人员着春秋常服、冬常服和常服大衣时，佩带硬肩章；着夏常服、棉大衣和作训大衣时，管理指挥人员、专业技术人员佩带软肩章，消防员佩带套式肩章；着作训服时，佩带领章。

第五条 总监衔标志缀钉一枚橄榄枝环绕一周徽标，副总监衔标志缀钉一枚橄榄枝环绕多半周徽标，助理总监衔标志缀钉一枚橄榄枝环绕小半周徽标。

指挥长衔标志缀钉二道粗横杠，高级指挥长衔标志缀钉四枚六角星花，一级指挥长衔标志缀钉三枚六角星花，二级指挥长衔标志缀钉二枚六角星花，三级指挥长衔标志缀钉一枚六角星花。

指挥员衔标志缀钉一道粗横杠，一级指挥员衔标志缀钉四枚六角星花，二级指挥员衔标志缀钉三枚六角星花，三级指挥员衔标志缀钉二枚六角星花，四级指挥员衔标志缀钉一枚六角星花。

高级消防员衔标志缀钉一枚徽标，一级消防长衔标志缀钉三粗一细四道横杠，二级消防长衔标志缀钉三道粗横杠，三级消防长衔标志缀钉二粗一细三道横杠。

中级消防员衔标志缀钉一枚徽标，一级消防士衔标志缀钉二道粗横杠，二级消防士衔标志缀钉一粗一细二道横杠。

初级消防员衔标志中，三级消防士衔标志缀钉一枚徽标和一道粗横杠，四级消防士衔标志缀钉一枚徽标和一道细横杠，预备消防士衔标志缀钉一道加粗横杠。

第六条 消防救援人员晋升或者降低消防救援衔时，由批准机关更换其消防救援衔标志；取消消防救援衔的，由批准机关收回其消防救援衔标志。

第七条 消防救援人员的消防救援衔标志由国务院应急管理部门负责制作和管理。其他单位和个人不得制作、仿造、伪造、变造和买卖、使用消防救援衔标志，也不得使用与消防救援衔标志相类似的标志。

第八条 本办法自公布之日起施行。

附图：消防救援衔标志式样（略）

社会消防技术服务管理规定

（2021年9月13日应急管理部令第7号公布
自2021年11月9日起施行）

第一章 总 则

第一条 为规范社会消防技术服务活动，维护消防技术服务市场秩序，促进提高消防技术服务质量，根据《中华人民共和国消防法》，制定本规定。

第二条 在中华人民共和国境内从事社会消防技术服务活动、对消防技术服务机构实施监督管理，适用本规定。

本规定所称消防技术服务机构是指从事消防设施维护保养检测、

消防安全评估等社会消防技术服务活动的企业。

第三条　消防技术服务机构及其从业人员开展社会消防技术服务活动应当遵循客观独立、合法公正、诚实信用的原则。

本规定所称消防技术服务从业人员，是指依法取得注册消防工程师资格并在消防技术服务机构中执业的专业技术人员，以及按照有关规定取得相应消防行业特有工种职业资格，在消防技术服务机构中从事社会消防技术服务活动的人员。

第四条　消防技术服务行业组织应当加强行业自律管理，规范从业行为，促进提升服务质量。

消防技术服务行业组织不得从事营利性社会消防技术服务活动，不得从事或者通过消防技术服务机构进行行业垄断。

第二章　从业条件

第五条　从事消防设施维护保养检测的消防技术服务机构，应当具备下列条件：

（一）取得企业法人资格；

（二）工作场所建筑面积不少于 200 平方米；

（三）消防技术服务基础设备和消防设施维护保养检测设备配备符合有关规定要求；

（四）注册消防工程师不少于 2 人，其中一级注册消防工程师不少于 1 人；

（五）取得消防设施操作员国家职业资格证书的人员不少于 6 人，其中中级技能等级以上的不少于 2 人；

（六）健全的质量管理体系。

第六条　从事消防安全评估的消防技术服务机构，应当具备下列条件：

（一）取得企业法人资格；

（二）工作场所建筑面积不少于100平方米；

（三）消防技术服务基础设备和消防安全评估设备配备符合有关规定要求；

（四）注册消防工程师不少于2人，其中一级注册消防工程师不少于1人；

（五）健全的消防安全评估过程控制体系。

第七条 同时从事消防设施维护保养检测、消防安全评估的消防技术服务机构，应当具备下列条件：

（一）取得企业法人资格；

（二）工作场所建筑面积不少于200平方米；

（三）消防技术服务基础设备和消防设施维护保养检测、消防安全评估设备配备符合规定的要求；

（四）注册消防工程师不少于2人，其中一级注册消防工程师不少于1人；

（五）取得消防设施操作员国家职业资格证书的人员不少于6人，其中中级技能等级以上的不少于2人；

（六）健全的质量管理和消防安全评估过程控制体系。

第八条 消防技术服务机构可以在全国范围内从业。

第三章 社会消防技术服务活动

第九条 消防技术服务机构及其从业人员应当依照法律法规、技术标准和从业准则，开展下列社会消防技术服务活动，并对服务质量负责：

（一）消防设施维护保养检测机构可以从事建筑消防设施维护保养、检测活动；

（二）消防安全评估机构可以从事区域消防安全评估、社会单位消防安全评估、大型活动消防安全评估等活动，以及消防法律法规、消防技术标准、火灾隐患整改、消防安全管理、消防宣传教育等方面的咨询活动。

消防技术服务机构出具的结论文件，可以作为消防救援机构实施消防监督管理和单位（场所）开展消防安全管理的依据。

第十条 消防设施维护保养检测机构应当按照国家标准、行业标准规定的工艺、流程开展维护保养检测，保证经维护保养的建筑消防设施符合国家标准、行业标准。

第十一条 消防技术服务机构应当依法与从业人员签订劳动合同，加强对所属从业人员的管理。注册消防工程师不得同时在两个以上社会组织执业。

第十二条 消防技术服务机构应当设立技术负责人，对本机构的消防技术服务实施质量监督管理，对出具的书面结论文件进行技术审核。技术负责人应当具备一级注册消防工程师资格。

第十三条 消防技术服务机构承接业务，应当与委托人签订消防技术服务合同，并明确项目负责人。项目负责人应当具备相应的注册消防工程师资格。

消防技术服务机构不得转包、分包消防技术服务项目。

第十四条 消防技术服务机构出具的书面结论文件应当由技术负责人、项目负责人签名并加盖执业印章，同时加盖消防技术服务机构印章。

消防设施维护保养检测机构对建筑消防设施进行维护保养后，应当制作包含消防技术服务机构名称及项目负责人、维护保养日期等信息的标识，在消防设施所在建筑的醒目位置上予以公示。

第十五条 消防技术服务机构应当对服务情况作出客观、真实、完整的记录，按消防技术服务项目建立消防技术服务档案。

消防技术服务档案保管期限为6年。

第十六条 消防技术服务机构应当在其经营场所的醒目位置公示营业执照、工作程序、收费标准、从业守则、注册消防工程师注册证书、投诉电话等事项。

第十七条 消防技术服务机构收费应当遵守价格管理法律法规的规定。

第十八条 消防技术服务机构在从事社会消防技术服务活动中，不得有下列行为：

（一）不具备从业条件，从事社会消防技术服务活动；

（二）出具虚假、失实文件；

（三）消防设施维护保养检测机构的项目负责人或者消防设施操作员未到现场实地开展工作；

（四）泄露委托人商业秘密；

（五）指派无相应资格从业人员从事社会消防技术服务活动；

（六）冒用其他消防技术服务机构名义从事社会消防技术服务活动；

（七）法律、法规、规章禁止的其他行为。

第四章 监督管理

第十九条 县级以上人民政府消防救援机构依照有关法律、法规和本规定，对本行政区域内的社会消防技术服务活动实施监督管理。

消防技术服务机构及其从业人员对消防救援机构依法进行的监督管理应当协助和配合，不得拒绝或者阻挠。

第二十条 应急管理部消防救援局应当建立和完善全国统一的

社会消防技术服务信息系统，公布消防技术服务机构及其从业人员的有关信息，发布从业、诚信和监督管理信息，并为社会提供有关信息查询服务。

第二十一条　县级以上人民政府消防救援机构对社会消防技术服务活动开展监督检查的形式有：

（一）结合日常消防监督检查工作，对消防技术服务质量实施监督抽查；

（二）根据需要实施专项检查；

（三）发生火灾事故后实施倒查；

（四）对举报投诉和交办移送的消防技术服务机构及其从业人员的违法从业行为进行核查。

开展社会消防技术服务活动监督检查可以根据实际需要，通过网上核查、服务单位实地核查、机构办公场所现场检查等方式实施。

第二十二条　消防救援机构在对单位（场所）实施日常消防监督检查时，可以对为该单位（场所）提供服务的消防技术服务机构的服务质量实施监督抽查。抽查内容为：

（一）是否冒用其他消防技术服务机构名义从事社会消防技术服务活动；

（二）从事相关社会消防技术服务活动的人员是否具有相应资格；

（三）是否按照国家标准、行业标准维护保养、检测建筑消防设施，经维护保养的建筑消防设施是否符合国家标准、行业标准；

（四）消防设施维护保养检测机构的项目负责人或者消防设施操作员是否到现场实地开展工作；

（五）是否出具虚假、失实文件；

（六）出具的书面结论文件是否由技术负责人、项目负责人签名、盖章，并加盖消防技术服务机构印章；

（七）是否与委托人签订消防技术服务合同；

（八）是否在经其维护保养的消防设施所在建筑的醒目位置公示消防技术服务信息。

第二十三条 消防救援机构根据消防监督管理需要，可以对辖区内从业的消防技术服务机构进行专项检查。专项检查应当随机抽取检查对象，随机选派检查人员，检查情况及查处结果及时向社会公开。专项检查可以抽查下列内容：

（一）是否具备从业条件；

（二）所属注册消防工程师是否同时在两个以上社会组织执业；

（三）从事相关社会消防技术服务活动的人员是否具有相应资格；

（四）是否转包、分包消防技术服务项目；

（五）是否出具虚假、失实文件；

（六）是否设立技术负责人、明确项目负责人，出具的书面结论文件是否由技术负责人、项目负责人签名、盖章，并加盖消防技术服务机构印章；

（七）是否与委托人签订消防技术服务合同；

（八）是否在经营场所公示营业执照、工作程序、收费标准、从业守则、注册消防工程师注册证书、投诉电话等事项；

（九）是否建立和保管消防技术服务档案。

第二十四条 发生有人员死亡或者造成重大社会影响的火灾，消防救援机构开展火灾事故调查时，应当对为起火单位（场所）提供服务的消防技术服务机构实施倒查。

消防救援机构组织调查其他火灾，可以根据需要对为起火单位（场所）提供服务的消防技术服务机构实施倒查。

倒查按照本规定第二十二条、第二十三条的抽查内容实施。

第二十五条 消防救援机构及其工作人员不得设立消防技术服务机构，不得参与消防技术服务机构的经营活动，不得指定或者变相指定消防技术服务机构，不得利用职务接受有关单位或者个人财物，不得滥用行政权力排除、限制竞争。

第五章 法律责任

第二十六条 消防技术服务机构违反本规定，冒用其他消防技术服务机构名义从事社会消防技术服务活动的，责令改正，处2万元以上3万元以下罚款。

第二十七条 消防技术服务机构违反本规定，有下列情形之一的，责令改正，处1万元以上2万元以下罚款：

（一）所属注册消防工程师同时在两个以上社会组织执业的；

（二）指派无相应资格从业人员从事社会消防技术服务活动的；

（三）转包、分包消防技术服务项目的。

对有前款第一项行为的注册消防工程师，处5000元以上1万元以下罚款。

第二十八条 消防技术服务机构违反本规定，有下列情形之一的，责令改正，处1万元以下罚款：

（一）未设立技术负责人、未明确项目负责人的；

（二）出具的书面结论文件未经技术负责人、项目负责人签名、盖章，或者未加盖消防技术服务机构印章的；

（三）承接业务未依法与委托人签订消防技术服务合同的；

（四）消防设施维护保养检测机构的项目负责人或者消防设施操作员未到现场实地开展工作的；

（五）未建立或者保管消防技术服务档案的；

（六）未公示营业执照、工作程序、收费标准、从业守则、注册消防工程师注册证书、投诉电话等事项的。

第二十九条　消防技术服务机构不具备从业条件从事社会消防技术服务活动或者出具虚假文件、失实文件的，或者不按照国家标准、行业标准开展社会消防技术服务活动的，由消防救援机构依照《中华人民共和国消防法》第六十九条的有关规定处罚。

第三十条　消防设施维护保养检测机构未按照本规定要求在经其维护保养的消防设施所在建筑的醒目位置上公示消防技术服务信息的，责令改正，处5000元以下罚款。

第三十一条　消防救援机构对消防技术服务机构及其从业人员实施积分信用管理，具体办法由应急管理部消防救援局制定。

第三十二条　消防技术服务机构有违反本规定的行为，给他人造成损失的，依法承担赔偿责任；经维护保养的建筑消防设施不能正常运行，发生火灾时未发挥应有作用，导致伤亡、损失扩大的，从重处罚；构成犯罪的，依法追究刑事责任。

第三十三条　本规定中的行政处罚由违法行为地设区的市级、县级人民政府消防救援机构决定。

第三十四条　消防技术服务机构及其从业人员对消防救援机构在消防技术服务监督管理中作出的具体行政行为不服的，可以依法申请行政复议或者提起行政诉讼。

第三十五条　消防救援机构的工作人员设立消防技术服务机构，或者参与消防技术服务机构的经营活动，或者指定、变相指定消防技术服务机构，或者利用职务接受有关单位、个人财物，或者滥用行政权力排除、限制竞争，或者有其他滥用职权、玩忽职守、徇私舞弊的行为，依照有关规定给予处分；构成犯罪的，依法追究刑事责任。

第六章　附　　则

第三十六条　保修期内的建筑消防设施由施工单位进行维护保养的，不适用本规定。

第三十七条　本规定所称虚假文件，是指消防技术服务机构未提供服务或者以篡改结果方式出具的消防技术文件，或者出具的与当时实际情况严重不符、结论定性严重偏离客观实际的消防技术文件。

本规定所称失实文件，是指消防技术服务机构出具的与当时实际情况部分不符、结论定性部分偏离客观实际的消防技术文件。

第三十八条　本规定中的"以上"、"以下"均含本数。

第三十九条　执行本规定所需要的文书式样，以及消防技术服务机构应当配备的仪器、设备、设施目录，由应急管理部制定。

第四十条　本规定自 2021 年 11 月 9 日起施行。

高层民用建筑消防安全管理规定

(2021 年 6 月 21 日应急管理部令第 5 号公布
自 2021 年 8 月 1 日起施行)

第一章　总　　则

第一条　为了加强高层民用建筑消防安全管理，预防火灾和减少火灾危害，根据《中华人民共和国消防法》等法律、行政法规和国务院有关规定，制定本规定。

第二条　本规定适用于已经建成且依法投入使用的高层民用建

筑（包括高层住宅建筑和高层公共建筑）的消防安全管理。

第三条 高层民用建筑消防安全管理贯彻预防为主、防消结合的方针，实行消防安全责任制。

建筑高度超过100米的高层民用建筑应当实行更加严格的消防安全管理。

第二章　消防安全职责

第四条 高层民用建筑的业主、使用人是高层民用建筑消防安全责任主体，对高层民用建筑的消防安全负责。高层民用建筑的业主、使用人是单位的，其法定代表人或者主要负责人是本单位的消防安全责任人。

高层民用建筑的业主、使用人可以委托物业服务企业或者消防技术服务机构等专业服务单位（以下统称消防服务单位）提供消防安全服务，并应当在服务合同中约定消防安全服务的具体内容。

第五条 同一高层民用建筑有两个及以上业主、使用人的，各业主、使用人对其专有部分的消防安全负责，对共有部分的消防安全共同负责。

同一高层民用建筑有两个及以上业主、使用人的，应当共同委托物业服务企业，或者明确一个业主、使用人作为统一管理人，对共有部分的消防安全实行统一管理，协调、指导业主、使用人共同做好整栋建筑的消防安全工作，并通过书面形式约定各方消防安全责任。

第六条 高层民用建筑以承包、租赁或者委托经营、管理等形式交由承包人、承租人、经营管理人使用的，当事人在订立承包、租赁、委托管理等合同时，应当明确各方消防安全责任。委托方、出租方依照法律规定，可以对承包方、承租方、受托方的消防安全工作统一协调、管理。

实行承包、租赁或者委托经营、管理时，业主应当提供符合消防安全要求的建筑物，督促使用人加强消防安全管理。

第七条　高层公共建筑的业主单位、使用单位应当履行下列消防安全职责：

（一）遵守消防法律法规，建立和落实消防安全管理制度；

（二）明确消防安全管理机构或者消防安全管理人员；

（三）组织开展防火巡查、检查，及时消除火灾隐患；

（四）确保疏散通道、安全出口、消防车通道畅通；

（五）对建筑消防设施、器材定期进行检验、维修，确保完好有效；

（六）组织消防宣传教育培训，制定灭火和应急疏散预案，定期组织消防演练；

（七）按照规定建立专职消防队、志愿消防队（微型消防站）等消防组织；

（八）法律、法规规定的其他消防安全职责。

委托物业服务企业，或者明确统一管理人实施消防安全管理的，物业服务企业或者统一管理人应当按照约定履行前款规定的消防安全职责，业主单位、使用单位应当督促并配合物业服务企业或者统一管理人做好消防安全工作。

第八条　高层公共建筑的业主、使用人、物业服务企业或者统一管理人应当明确专人担任消防安全管理人，负责整栋建筑的消防安全管理工作，并在建筑显著位置公示其姓名、联系方式和消防安全管理职责。

高层公共建筑的消防安全管理人应当履行下列消防安全管理职责：

（一）拟订年度消防工作计划，组织实施日常消防安全管理工作；

（二）组织开展防火检查、巡查和火灾隐患整改工作；

（三）组织实施对建筑共用消防设施设备的维护保养；

（四）管理专职消防队、志愿消防队（微型消防站）等消防组织；

（五）组织开展消防安全的宣传教育和培训；

（六）组织编制灭火和应急疏散综合预案并开展演练。

高层公共建筑的消防安全管理人应当具备与其职责相适应的消防安全知识和管理能力。对建筑高度超过 100 米的高层公共建筑，鼓励有关单位聘用相应级别的注册消防工程师或者相关工程类中级及以上专业技术职务的人员担任消防安全管理人。

第九条 高层住宅建筑的业主、使用人应当履行下列消防安全义务：

（一）遵守住宅小区防火安全公约和管理规约约定的消防安全事项；

（二）按照不动产权属证书载明的用途使用建筑；

（三）配合消防服务单位做好消防安全工作；

（四）按照法律规定承担消防服务费用以及建筑消防设施维修、更新和改造的相关费用；

（五）维护消防安全，保护消防设施，预防火灾，报告火警，成年人参加有组织的灭火工作；

（六）法律、法规规定的其他消防安全义务。

第十条 接受委托的高层住宅建筑的物业服务企业应当依法履行下列消防安全职责：

（一）落实消防安全责任，制定消防安全制度，拟订年度消防安全工作计划和组织保障方案；

（二）明确具体部门或者人员负责消防安全管理工作；

（三）对管理区域内的共用消防设施、器材和消防标志定期进行检测、维护保养，确保完好有效；

（四）组织开展防火巡查、检查，及时消除火灾隐患；

（五）保障疏散通道、安全出口、消防车通道畅通，对占用、堵塞、封闭疏散通道、安全出口、消防车通道等违规行为予以制止；制止无效的，及时报告消防救援机构等有关行政管理部门依法处理；

（六）督促业主、使用人履行消防安全义务；

（七）定期向所在住宅小区业主委员会和业主、使用人通报消防安全情况，提示消防安全风险；

（八）组织开展经常性的消防宣传教育；

（九）制定灭火和应急疏散预案，并定期组织演练；

（十）法律、法规规定和合同约定的其他消防安全职责。

第十一条　消防救援机构和其他负责消防监督检查的机构依法对高层民用建筑进行消防监督检查，督促业主、使用人、受委托的消防服务单位等落实消防安全责任；对监督检查中发现的火灾隐患，通知有关单位或者个人立即采取措施消除隐患。

消防救援机构应当加强高层民用建筑消防安全法律、法规的宣传，督促、指导有关单位做好高层民用建筑消防安全宣传教育工作。

第十二条　村民委员会、居民委员会应当依法组织制定防火安全公约，对高层民用建筑进行防火安全检查，协助人民政府和有关部门加强消防宣传教育；对老年人、未成年人、残疾人等开展有针对性的消防宣传教育，加强消防安全帮扶。

第十三条　供水、供电、供气、供热、通信、有线电视等专业运营单位依法对高层民用建筑内由其管理的设施设备消防安全负责，并定期进行检查和维护。

第三章 消防安全管理

第十四条 高层民用建筑施工期间，建设单位应当与施工单位明确施工现场的消防安全责任。施工期间应当严格落实现场防范措施，配置消防器材，指定专人监护，采取防火分隔措施，不得影响其他区域的人员安全疏散和建筑消防设施的正常使用。

高层民用建筑的业主、使用人不得擅自变更建筑使用功能、改变防火防烟分区，不得违反消防技术标准使用易燃、可燃装修装饰材料。

第十五条 高层民用建筑的业主、使用人或者物业服务企业、统一管理人应当对动用明火作业实行严格的消防安全管理，不得在具有火灾、爆炸危险的场所使用明火；因施工等特殊情况需要进行电焊、气焊等明火作业的，应当按照规定办理动火审批手续，落实现场监护人，配备消防器材，并在建筑主入口和作业现场显著位置公告。作业人员应当依法持证上岗，严格遵守消防安全规定，清除周围及下方的易燃、可燃物，采取防火隔离措施。作业完毕后，应当进行全面检查，消除遗留火种。

高层公共建筑内的商场、公共娱乐场所不得在营业期间动火施工。

高层公共建筑内应当确定禁火禁烟区域，并设置明显标志。

第十六条 高层民用建筑内电器设备的安装使用及其线路敷设、维护保养和检测应当符合消防技术标准及管理规定。

高层民用建筑业主、使用人或者消防服务单位，应当安排专业机构或者电工定期对管理区域内由其管理的电器设备及线路进行检查；对不符合安全要求的，应当及时维修、更换。

第十七条　高层民用建筑内燃气用具的安装使用及其管路敷设、维护保养和检测应当符合消防技术标准及管理规定。禁止违反燃气安全使用规定，擅自安装、改装、拆除燃气设备和用具。

高层民用建筑使用燃气应当采用管道供气方式。禁止在高层民用建筑地下部分使用液化石油气。

第十八条　禁止在高层民用建筑内违反国家规定生产、储存、经营甲、乙类火灾危险性物品。

第十九条　设有建筑外墙外保温系统的高层民用建筑，其管理单位应当在主入口及周边相关显著位置，设置提示性和警示性标识，标示外墙外保温材料的燃烧性能、防火要求。对高层民用建筑外墙外保温系统破损、开裂和脱落的，应当及时修复。高层民用建筑在进行外墙外保温系统施工时，建设单位应当采取必要的防火隔离以及限制住人和使用的措施，确保建筑内人员安全。

禁止使用易燃、可燃材料作为高层民用建筑外墙外保温材料。禁止在其建筑内及周边禁放区域燃放烟花爆竹；禁止在其外墙周围堆放可燃物。对于使用难燃外墙外保温材料或者采用与基层墙体、装饰层之间有空腔的建筑外墙外保温系统的高层民用建筑，禁止在其外墙动火用电。

第二十条　高层民用建筑的电缆井、管道井等竖向管井和电缆桥架应当在每层楼板处进行防火封堵，管井检查门应当采用防火门。

禁止占用电缆井、管道井，或者在电缆井、管道井等竖向管井堆放杂物。

第二十一条　高层民用建筑的户外广告牌、外装饰不得采用易燃、可燃材料，不得妨碍防烟排烟、逃生和灭火救援，不得改变或者破坏建筑立面防火结构。

禁止在高层民用建筑外窗设置影响逃生和灭火救援的障碍物。

建筑高度超过 50 米的高层民用建筑外墙上设置的装饰、广告牌应当采用不燃材料并易于破拆。

第二十二条 禁止在消防车通道、消防车登高操作场地设置构筑物、停车泊位、固定隔离桩等障碍物。

禁止在消防车通道上方、登高操作面设置妨碍消防车作业的架空管线、广告牌、装饰物等障碍物。

第二十三条 高层公共建筑内餐饮场所的经营单位应当及时对厨房灶具和排油烟罩设施进行清洗，排油烟管道每季度至少进行一次检查、清洗。

高层住宅建筑的公共排油烟管道应当定期检查，并采取防火措施。

第二十四条 除为满足高层民用建筑的使用功能所设置的自用物品暂存库房、档案室和资料室等附属库房外，禁止在高层民用建筑内设置其他库房。

高层民用建筑的附属库房应当采取相应的防火分隔措施，严格遵守有关消防安全管理规定。

第二十五条 高层民用建筑内的锅炉房、变配电室、空调机房、自备发电机房、储油间、消防水泵房、消防水箱间、防排烟风机房等设备用房应当按照消防技术标准设置，确定为消防安全重点部位，设置明显的防火标志，实行严格管理，并不得占用和堆放杂物。

第二十六条 高层民用建筑消防控制室应当由其管理单位实行 24 小时值班制度，每班不应少于 2 名值班人员。

消防控制室值班操作人员应当依法取得相应等级的消防行业特有工种职业资格证书，熟练掌握火警处置程序和要求，按照有关规定检查自动消防设施、联动控制设备运行情况，确保其处于正常工作状态。

消防控制室内应当保存高层民用建筑总平面布局图、平面布置图和消防设施系统图及控制逻辑关系说明、建筑消防设施维修保养记录和检测报告等资料。

第二十七条 高层公共建筑内有关单位、高层住宅建筑所在社区居民委员会或者物业服务企业按照规定建立的专职消防队、志愿消防队（微型消防站）等消防组织，应当配备必要的人员、场所和器材、装备，定期进行消防技能培训和演练，开展防火巡查、消防宣传，及时处置、扑救初起火灾。

第二十八条 高层民用建筑的疏散通道、安全出口应当保持畅通，禁止堆放物品、锁闭出口、设置障碍物。平时需要控制人员出入或者设有门禁系统的疏散门，应当保证发生火灾时易于开启，并在现场显著位置设置醒目的提示和使用标识。

高层民用建筑的常闭式防火门应当保持常闭，闭门器、顺序器等部件应当完好有效；常开式防火门应当保证发生火灾时自动关闭并反馈信号。

禁止圈占、遮挡消火栓，禁止在消火栓箱内堆放杂物，禁止在防火卷帘下堆放物品。

第二十九条 高层民用建筑内应当在显著位置设置标识，指示避难层（间）的位置。

禁止占用高层民用建筑避难层（间）和避难走道或者堆放杂物，禁止锁闭避难层（间）和避难走道出入口。

第三十条 高层公共建筑的业主、使用人应当按照国家标准、行业标准配备灭火器材以及自救呼吸器、逃生缓降器、逃生绳等逃生疏散设施器材。

高层住宅建筑应当在公共区域的显著位置摆放灭火器材，有条件的配置自救呼吸器、逃生绳、救援哨、疏散用手电筒等逃生疏散设施器材。

鼓励高层住宅建筑的居民家庭制定火灾疏散逃生计划，并配置必要的灭火和逃生疏散器材。

第三十一条 高层民用建筑的消防车通道、消防车登高操作场地、灭火救援窗、灭火救援破拆口、消防车取水口、室外消火栓、消防水泵接合器、常闭式防火门等应当设置明显的提示性、警示性标识。消防车通道、消防车登高操作场地、防火卷帘下方还应当在地面标识出禁止占用的区域范围。消火栓箱、灭火器箱上应当张贴使用方法的标识。

高层民用建筑的消防设施配电柜电源开关、消防设备用房内管道阀门等应当标识开、关状态；对需要保持常开或者常闭状态的阀门，应当采取铅封等限位措施。

第三十二条 不具备自主维护保养检测能力的高层民用建筑业主、使用人或者物业服务企业应当聘请具备从业条件的消防技术服务机构或者消防设施施工安装企业对建筑消防设施进行维护保养和检测；存在故障、缺损的，应当立即组织维修、更换，确保完好有效。

因维修等需要停用建筑消防设施的，高层民用建筑的管理单位应当严格履行内部审批手续，制定应急方案，落实防范措施，并在建筑入口处等显著位置公告。

第三十三条 高层公共建筑消防设施的维修、更新、改造的费用，由业主、使用人按照有关法律规定承担，共有部分按照专有部分建筑面积所占比例承担。

高层住宅建筑的消防设施日常运行、维护和维修、更新、改造费用，由业主依照法律规定承担；委托消防服务单位的，消防设施的日常运行、维护和检测费用应当纳入物业服务或者消防技术服专项费用。共用消防设施的维修、更新、改造费用，可以依法从住宅专项维修资金列支。

第三十四条 高层民用建筑应当进行每日防火巡查，并填写巡查记录。其中，高层公共建筑内公众聚集场所在营业期间应当至少每2小时进行一次防火巡查，医院、养老院、寄宿制学校、幼儿园应当进行白天和夜间防火巡查，高层住宅建筑和高层公共建筑内的其他场所可以结合实际确定防火巡查的频次。

防火巡查应当包括下列内容：

（一）用火、用电、用气有无违章情况；

（二）安全出口、疏散通道、消防车通道畅通情况；

（三）消防设施、器材完好情况，常闭式防火门关闭情况；

（四）消防安全重点部位人员在岗在位等情况。

第三十五条 高层住宅建筑应当每月至少开展一次防火检查，高层公共建筑应当每半个月至少开展一次防火检查，并填写检查记录。

防火检查应当包括下列内容：

（一）安全出口和疏散设施情况；

（二）消防车通道、消防车登高操作场地和消防水源情况；

（三）灭火器材配置及有效情况；

（四）用火、用电、用气和危险品管理制度落实情况；

（五）消防控制室值班和消防设施运行情况；

（六）人员教育培训情况；

（七）重点部位管理情况；

（八）火灾隐患整改以及防范措施的落实等情况。

第三十六条 对防火巡查、检查发现的火灾隐患，高层民用建筑的业主、使用人、受委托的消防服务单位，应当立即采取措施予以整改。

对不能当场改正的火灾隐患，应当明确整改责任、期限，落实整改措施，整改期间应当采取临时防范措施，确保消防安全；必要时，应当暂时停止使用危险部位。

第三十七条 禁止在高层民用建筑公共门厅、疏散走道、楼梯间、安全出口停放电动自行车或者为电动自行车充电。

鼓励在高层住宅小区内设置电动自行车集中存放和充电的场所。电动自行车存放、充电场所应当独立设置，并与高层民用建筑保持安全距离；确需设置在高层民用建筑内的，应当与该建筑的其他部分进行防火分隔。

电动自行车存放、充电场所应当配备必要的消防器材，充电设施应当具备充满自动断电功能。

第三十八条 鼓励高层民用建筑推广应用物联网和智能化技术手段对电气、燃气消防安全和消防设施运行等进行监控和预警。

未设置自动消防设施的高层住宅建筑，鼓励因地制宜安装火灾报警和喷水灭火系统、火灾应急广播以及可燃气体探测、无线手动火灾报警、无线声光火灾警报等消防设施。

第三十九条 高层民用建筑的业主、使用人或者消防服务单位、统一管理人应当每年至少组织开展一次整栋建筑的消防安全评估。消防安全评估报告应当包括存在的消防安全问题、火灾隐患以及改进措施等内容。

第四十条 鼓励、引导高层公共建筑的业主、使用人投保火灾公众责任保险。

第四章　消防宣传教育和灭火疏散预案

第四十一条 高层公共建筑内的单位应当每半年至少对员工开

展一次消防安全教育培训。

高层公共建筑内的单位应当对本单位员工进行上岗前消防安全培训，并对消防安全管理人员、消防控制室值班人员和操作人员、电工、保安员等重点岗位人员组织专门培训。

高层住宅建筑的物业服务企业应当每年至少对居住人员进行一次消防安全教育培训，进行一次疏散演练。

第四十二条 高层民用建筑应当在每层的显著位置张贴安全疏散示意图，公共区域电子显示屏应当播放消防安全提示和消防安全知识。

高层公共建筑除遵守本条第一款规定外，还应当在首层显著位置提示公众注意火灾危险，以及安全出口、疏散通道和灭火器材的位置。

高层住宅小区除遵守本条第一款规定外，还应当在显著位置设置消防安全宣传栏，在高层住宅建筑单元入口处提示安全用火、用电、用气，以及电动自行车存放、充电等消防安全常识。

第四十三条 高层民用建筑应当结合场所特点，分级分类编制灭火和应急疏散预案。

规模较大或者功能业态复杂，且有两个及以上业主、使用人或者多个职能部门的高层公共建筑，有关单位应当编制灭火和应急疏散总预案，各单位或者职能部门应当根据场所、功能分区、岗位实际编制专项灭火和应急疏散预案或者现场处置方案（以下统称分预案）。

灭火和应急疏散预案应当明确应急组织机构，确定承担通信联络、灭火、疏散和救护任务的人员及其职责，明确报警、联络、灭火、疏散等处置程序和措施。

第四十四条 高层民用建筑的业主、使用人、受委托的消防服务单位应当结合实际，按照灭火和应急疏散总预案和分预案分别组织实施消防演练。

高层民用建筑应当每年至少进行一次全要素综合演练，建筑高度超过100米的高层公共建筑应当每半年至少进行一次全要素综合演练。编制分预案的，有关单位和职能部门应当每季度至少进行一次综合演练或者专项灭火、疏散演练。

演练前，有关单位应当告知演练范围内的人员并进行公告；演练时，应当设置明显标识；演练结束后，应当进行总结评估，并及时对预案进行修订和完善。

第四十五条 高层公共建筑内的人员密集场所应当按照楼层、区域确定疏散引导员，负责在火灾发生时组织、引导在场人员安全疏散。

第四十六条 火灾发生时，发现火灾的人员应当立即拨打119电话报警。

火灾发生后，高层民用建筑的业主、使用人、消防服务单位应当迅速启动灭火和应急疏散预案，组织人员疏散，扑救初起火灾。

火灾扑灭后，高层民用建筑的业主、使用人、消防服务单位应当组织保护火灾现场，协助火灾调查。

第五章　法　律　责　任

第四十七条 违反本规定，有下列行为之一的，由消防救援机构责令改正，对经营性单位和个人处2000元以上10000元以下罚款，对非经营性单位和个人处500元以上1000元以下罚款：

（一）在高层民用建筑内进行电焊、气焊等明火作业，未履行动火审批手续、进行公告，或者未落实消防现场监护措施的；

（二）高层民用建筑设置的户外广告牌、外装饰妨碍防烟排烟、逃生和灭火救援，或者改变、破坏建筑立面防火结构的；

（三）未设置外墙外保温材料提示性和警示性标识，或者未及时修复破损、开裂和脱落的外墙外保温系统的；

（四）未按照规定落实消防控制室值班制度，或者安排不具备相应条件的人员值班的；

（五）未按照规定建立专职消防队、志愿消防队等消防组织的；

（六）因维修等需要停用建筑消防设施未进行公告、未制定应急预案或者未落实防范措施的；

（七）在高层民用建筑的公共门厅、疏散走道、楼梯间、安全出口停放电动自行车或者为电动自行车充电，拒不改正的。

第四十八条　违反本规定的其他消防安全违法行为，依照《中华人民共和国消防法》第六十条、第六十一条、第六十四条、第六十五条、第六十六条、第六十七条、第六十八条、第六十九条和有关法律法规予以处罚；构成犯罪的，依法追究刑事责任。

第四十九条　消防救援机构及其工作人员在高层民用建筑消防监督检查中，滥用职权、玩忽职守、徇私舞弊的，对直接负责的主管人员和其他直接责任人员依法给予处分；构成犯罪的，依法追究刑事责任。

第六章　附　　则

第五十条　本规定下列用语的含义：

（一）高层住宅建筑，是指建筑高度大于27米的住宅建筑。

（二）高层公共建筑，是指建筑高度大于24米的非单层公共建筑，包括宿舍建筑、公寓建筑、办公建筑、科研建筑、文化建筑、商业建筑、体育建筑、医疗建筑、交通建筑、旅游建筑、通信建筑等。

（三）业主，是指高层民用建筑的所有权人，包括单位和个人。

（四）使用人，是指高层民用建筑的承租人和其他实际使用人，包括单位和个人。

第五十一条　本规定自 2021 年 8 月 1 日起施行。

消防产品监督管理规定

（2012 年 8 月 13 日公安部、国家工商行政管理总局、国家质量监督检验检疫总局令第 122 号发布　自 2013 年 1 月 1 日起施行）

第一章　总　　则

第一条　为了加强消防产品监督管理，提高消防产品质量，依据《中华人民共和国消防法》、《中华人民共和国产品质量法》、《中华人民共和国认证认可条例》等有关法律、行政法规，制定本规定。

第二条　在中华人民共和国境内生产、销售、使用消防产品，以及对消防产品质量实施监督管理，适用本规定。

本规定所称消防产品是指专门用于火灾预防、灭火救援和火灾防护、避难、逃生的产品。

第三条　消防产品必须符合国家标准；没有国家标准的，必须符合行业标准。未制定国家标准、行业标准的，应当符合消防安全要求，并符合保障人体健康、人身财产安全的要求和企业标准。

第四条　国家质量监督检验检疫总局、国家工商行政管理总局和公安部按照各自职责对生产、流通和使用领域的消防产品质量实施监督管理。

县级以上地方质量监督部门、工商行政管理部门和公安机关消防机构按照各自职责对本行政区域内生产、流通和使用领域的消防产品质量实施监督管理。

第二章 市场准入

第五条 依法实行强制性产品认证的消防产品,由具有法定资质的认证机构按照国家标准、行业标准的强制性要求认证合格后,方可生产、销售、使用。

消防产品认证机构应当将消防产品强制性认证有关信息报国家认证认可监督管理委员会和公安部消防局。

实行强制性产品认证的消防产品目录由国家质量监督检验检疫总局、国家认证认可监督管理委员会会同公安部制定并公布,消防产品认证基本规范、认证规则由国家认证认可监督管理委员会制定并公布。

第六条 国家认证认可监督管理委员会应当按照《中华人民共和国认证认可条例》的有关规定,经评审并征求公安部消防局意见后,指定从事消防产品强制性产品认证活动的机构以及与认证有关的检查机构、实验室,并向社会公布。

第七条 消防产品认证机构及其工作人员应当按照有关规定从事认证活动,客观公正地出具认证结论,对认证结果负责。不得增加、减少、遗漏或者变更认证基本规范、认证规则规定的程序。

第八条 从事消防产品强制性产品认证活动的检查机构、实验室及其工作人员,应当确保检查、检测结果真实、准确,并对检查、检测结论负责。

第九条 新研制的尚未制定国家标准、行业标准的消防产品,经消防产品技术鉴定机构技术鉴定符合消防安全要求的,方可生产、销售、使用。消防安全要求由公安部制定。

消防产品技术鉴定机构应当具备国家认证认可监督管理委员会依法认定的向社会出具具有证明作用的数据和结果的消防产品实验室资格或者从事消防产品合格评定活动的认证机构资格。消防产品技术鉴定机构名录由公安部公布。

公安机关消防机构和认证认可监督管理部门按照各自职责对消防产品技术鉴定机构进行监督。

公安部会同国家认证认可监督管理委员会参照消防产品认证机构和实验室管理工作规则，制定消防产品技术鉴定工作程序和规范。

第十条 消防产品技术鉴定应当遵守以下程序：

（一）委托人向消防产品技术鉴定机构提出书面委托，并提供有关文件资料；

（二）消防产品技术鉴定机构依照有关规定对文件资料进行审核；

（三）文件资料经审核符合要求的，消防产品技术鉴定机构按照消防安全要求和有关规定，组织实施消防产品型式检验和工厂检查；

（四）经鉴定认为消防产品符合消防安全要求的，技术鉴定机构应当在接受委托之日起九十日内颁发消防产品技术鉴定证书，并将消防产品有关信息报公安部消防局；认为不符合消防安全要求的，应当书面通知委托人，并说明理由。

消防产品检验时间不计入技术鉴定时限。

第十一条 消防产品技术鉴定机构及其工作人员应当按照有关规定开展技术鉴定工作，对技术鉴定结果负责。

第十二条 消防产品技术鉴定证书有效期为三年。

有效期届满，生产者需要继续生产消防产品的，应当在有效期届满前的六个月内，依照本规定第十条的规定，重新申请消防产品技术鉴定证书。

第十三条　在消防产品技术鉴定证书有效期内，消防产品的生产条件、检验手段、生产技术或者工艺发生变化，对性能产生重大影响的，生产者应当重新委托消防产品技术鉴定。

第十四条　在消防产品技术鉴定证书有效期内，相关消防产品的国家标准、行业标准颁布施行的，生产者应当保证生产的消防产品符合国家标准、行业标准。

前款规定的消防产品被列入强制性产品认证目录的，应当按照本规定实施强制性产品认证。未列入强制性产品认证目录的，在技术鉴定证书有效期届满后，不再实行技术鉴定。

第十五条　消防产品技术鉴定机构应当对其鉴定合格的产品实施有效的跟踪调查，鉴定合格的产品不能持续符合技术鉴定要求的，技术鉴定机构应当暂停其使用直至撤销鉴定证书，并予公布。

第十六条　经强制性产品认证合格或者技术鉴定合格的消防产品，公安部消防局应当予以公布。

第三章　产品质量责任和义务

第十七条　消防产品生产者应当对其生产的消防产品质量负责，建立有效的质量管理体系，保持消防产品的生产条件，保证产品质量、标志、标识符合相关法律法规和标准要求。不得生产应当获得而未获得市场准入资格的消防产品、不合格的消防产品或者国家明令淘汰的消防产品。

消防产品生产者应当建立消防产品销售流向登记制度，如实记录产品名称、批次、规格、数量、销售去向等内容。

第十八条　消防产品销售者应当建立并执行进货检查验收制度，验明产品合格证明和其他标识，不得销售应当获得而未获得市场准入资格的消防产品、不合格的消防产品或者国家明令淘汰的消防产品。

销售者应当采取措施,保持销售产品的质量。

第十九条 消防产品使用者应当查验产品合格证明、产品标识和有关证书,选用符合市场准入的、合格的消防产品。

建设工程设计单位在设计中选用的消防产品,应当注明产品规格、性能等技术指标,其质量要求应当符合国家标准、行业标准。当需要选用尚未制定国家标准、行业标准的消防产品时,应当选用经技术鉴定合格的消防产品。

建设工程施工企业应当按照工程设计要求、施工技术标准、合同的约定和消防产品有关技术标准,对进场的消防产品进行现场检查或者检验,如实记录进货来源、名称、批次、规格、数量等内容;现场检查或者检验不合格的,不得安装。现场检查记录或者检验报告应当存档备查。建设工程施工企业应当建立安装质量管理制度,严格执行有关标准、施工规范和相关要求,保证消防产品的安装质量。

工程监理单位应当依照法律、行政法规及有关技术标准、设计文件和建设工程承包合同对建设工程使用的消防产品的质量及其安装质量实施监督。

机关、团体、企业、事业等单位应当按照国家标准、行业标准定期组织对消防设施、器材进行维修保养,确保完好有效。

第四章 监督检查

第二十条 质量监督部门、工商行政管理部门依据《中华人民共和国产品质量法》以及相关规定对生产领域、流通领域的消防产品质量进行监督检查。

第二十一条　公安机关消防机构对使用领域的消防产品质量进行监督检查，实行日常监督检查和监督抽查相结合的方式。

第二十二条　公安机关消防机构在消防监督检查和建设工程消防监督管理工作中，对使用领域的消防产品质量进行日常监督检查，按照公安部《消防监督检查规定》、《建设工程消防监督管理规定》执行。

第二十三条　公安机关消防机构对使用领域的消防产品质量进行专项监督抽查，由省级以上公安机关消防机构制定监督抽查计划，由县级以上地方公安机关消防机构具体实施。

第二十四条　公安机关消防机构对使用领域的消防产品质量进行监督抽查，应当检查下列内容：

（一）列入强制性产品认证目录的消防产品是否具备强制性产品认证证书，新研制的尚未制定国家标准、行业标准的消防产品是否具备技术鉴定证书；

（二）按照强制性国家标准或者行业标准的规定，应当进行型式检验和出厂检验的消防产品，是否具备型式检验合格和出厂检验合格的证明文件；

（三）消防产品的外观标志、规格型号、结构部件、材料、性能参数、生产厂名、厂址与产地等是否符合有关规定；

（四）消防产品的关键性能是否符合消防产品现场检查判定规则的要求；

（五）法律、行政法规规定的其他内容。

第二十五条　公安机关消防机构实施消防产品质量监督抽查时，检查人员不得少于两人，并应当出示执法身份证件。

实施消防产品质量监督抽查应当填写检查记录，由检查人员、被检查单位管理人员签名；被检查单位管理人员对检查记录有异议或者拒绝签名的，检查人员应当在检查记录中注明。

第二十六条 公安机关消防机构应当根据本规定和消防产品现场检查判定规则，实施现场检查判定。对现场检查判定为不合格的，应当在三日内将判定结论送达被检查人。被检查人对消防产品现场检查判定结论有异议的，公安机关消防机构应当在五日内依照有关规定将样品送符合法定条件的产品质量检验机构进行监督检验，并自收到检验结果之日起三日内，将检验结果告知被检查人。

检验抽取的样品由被检查人无偿供给，其数量不得超过检验的合理需要。检验费用在规定经费中列支，不得向被检查人收取。

第二十七条 被检查人对公安机关消防机构抽样送检的产品检验结果有异议的，可以自收到检验结果之日起五日内向实施监督检查的公安机关消防机构提出书面复检申请。

公安机关消防机构受理复检申请，应当当场出具受理凭证。

公安机关消防机构受理复检申请后，应当在五日内将备用样品送检，自收到复检结果之日起三日内，将复检结果告知申请人。

复检申请以一次为限。复检合格的，费用列入监督抽查经费；不合格的，费用由申请人承担。

第二十八条 质量监督部门、工商行政管理部门接到对消防产品质量问题的举报投诉，应当按职责及时依法处理。对不属于本部门职责范围的，应当及时移交或者书面通报有关部门。

公安机关消防机构接到对消防产品质量问题的举报投诉，应当及时受理、登记，并按照公安部《公安机关办理行政案件程序规定》的相关规定和本规定中消防产品质量监督检查程序处理。

公安机关消防机构对举报投诉的消防产品质量问题进行核查后，对消防安全违法行为应当依法处理。核查、处理情况应当在三日内告知举报投诉人；无法告知的，应当在受理登记中注明。

第二十九条　公安机关消防机构发现使用依法应当获得市场准入资格而未获得准入资格的消防产品或者不合格的消防产品、国家明令淘汰的消防产品等使用领域消防产品质量违法行为，应当依法责令限期改正。

公安机关消防机构应当在收到当事人复查申请或者责令限期改正期限届满之日起三日内进行复查。复查应当填写记录。

第三十条　公安机关消防机构对发现的使用领域消防产品质量违法行为，应当依法查处，并及时将有关情况书面通报同级质量监督部门、工商行政管理部门；质量监督部门、工商行政管理部门应当对生产者、销售者依法及时查处。

第三十一条　质量监督部门、工商行政管理部门和公安机关消防机构应当按照有关规定，向社会公布消防产品质量监督检查情况、重大消防产品质量违法行为的行政处罚情况等信息。

第三十二条　任何单位和个人在接受质量监督部门、工商行政管理部门和公安机关消防机构依法开展的消防产品质量监督检查时，应当如实提供有关情况和资料。

任何单位和个人不得擅自转移、变卖、隐匿或者损毁被采取强制措施的物品，不得拒绝依法进行的监督检查。

第五章　法　律　责　任

第三十三条　生产、销售不合格的消防产品或者国家明令淘汰的消防产品的，由质量监督部门或者工商行政管理部门依照《中华人民共和国产品质量法》的规定从重处罚。

第三十四条　有下列情形之一的，由公安机关消防机构责令改正，依照《中华人民共和国消防法》第五十九条处罚：

（一）建设单位要求建设工程施工企业使用不符合市场准入的消

防产品、不合格的消防产品或者国家明令淘汰的消防产品的；

（二）建设工程设计单位选用不符合市场准入的消防产品，或者国家明令淘汰的消防产品进行消防设计的；

（三）建设工程施工企业安装不符合市场准入的消防产品、不合格的消防产品或者国家明令淘汰的消防产品的；

（四）工程监理单位与建设单位或者建设工程施工企业串通，弄虚作假，安装、使用不符合市场准入的消防产品、不合格的消防产品或者国家明令淘汰的消防产品的。

第三十五条 消防产品技术鉴定机构出具虚假文件的，由公安机关消防机构责令改正，依照《中华人民共和国消防法》第六十九条处罚。

第三十六条 人员密集场所使用不符合市场准入的消防产品的，由公安机关消防机构责令限期改正；逾期不改正的，依照《中华人民共和国消防法》第六十五条第二款处罚。

非人员密集场所使用不符合市场准入的消防产品、不合格的消防产品或者国家明令淘汰的消防产品的，由公安机关消防机构责令限期改正；逾期不改正的，对非经营性场所处五百元以上一千元以下罚款，对经营性场所处五千元以上一万元以下罚款，并对直接负责的主管人员和其他直接责任人员处五百元以下罚款。

第三十七条 公安机关消防机构及其工作人员进行消防产品监督执法，应当严格遵守廉政规定，坚持公正、文明执法，自觉接受单位和公民的监督。

公安机关及其工作人员不得指定消防产品的品牌、销售单位，不得参与或者干预建设工程消防产品的招投标活动，不得接受被检查单位、个人的财物或者其他不正当利益。

第三十八条 质量监督部门、工商行政管理部门、公安机关消防机构工作人员在消防产品监督管理中滥用职权、玩忽职守、徇私舞弊的，依法给予处分。

第三十九条 违反本规定，构成犯罪的，依法追究刑事责任。

第六章 附 则

第四十条 消防产品目录由公安部消防局制定并公布。

第四十一条 消防产品进出口检验监管，由出入境检验检疫部门按照有关规定执行。

消防产品属于《中华人民共和国特种设备安全监察条例》规定的特种设备的，还应当遵守特种设备安全监察有关规定。

第四十二条 本规定中的"三日"、"五日"是指工作日，不含法定节假日。

第四十三条 公安机关消防机构执行本规定所需要的法律文书式样，由公安部制定。

第四十四条 本规定自2013年1月1日起施行。

火灾事故调查规定

（2009年4月30日公安部令第108号发布 根据2012年7月17日公安部令第121号《关于修改〈火灾事故调查规定〉的决定》修正）

第一章 总 则

第一条 为了规范火灾事故调查，保障公安机关消防机构依法履行职责，保护火灾当事人的合法权益，根据《中华人民共和国消防法》，制定本规定。

第二条　公安机关消防机构调查火灾事故，适用本规定。

第三条　火灾事故调查的任务是调查火灾原因，统计火灾损失，依法对火灾事故作出处理，总结火灾教训。

第四条　火灾事故调查应当坚持及时、客观、公正、合法的原则。

任何单位和个人不得妨碍和非法干预火灾事故调查。

第二章　管　　辖

第五条　火灾事故调查由县级以上人民政府公安机关主管，并由本级公安机关消防机构实施；尚未设立公安机关消防机构的，由县级人民政府公安机关实施。

公安派出所应当协助公安机关火灾事故调查部门维护火灾现场秩序，保护现场，控制火灾肇事嫌疑人。

铁路、港航、民航公安机关和国有林区的森林公安机关消防机构负责调查其消防监督范围内发生的火灾。

第六条　火灾事故调查由火灾发生地公安机关消防机构按照下列分工进行：

（一）一次火灾死亡十人以上的，重伤二十人以上或者死亡、重伤二十人以上的，受灾五十户以上的，由省、自治区人民政府公安机关消防机构负责组织调查；

（二）一次火灾死亡一人以上的，重伤十人以上的，受灾三十户以上的，由设区的市或者相当于同级的人民政府公安机关消防机构负责组织调查；

（三）一次火灾重伤十人以下或者受灾三十户以下的，由县级人民政府公安机关消防机构负责调查。

直辖市人民政府公安机关消防机构负责组织调查一次火灾死亡三人以上的，重伤二十人以上或者死亡、重伤二十人以上的，受灾五十户以上的火灾事故，直辖市的区、县级人民政府公安机关消防机构负责调查其他火灾事故。

仅有财产损失的火灾事故调查，由省级人民政府公安机关结合本地实际作出管辖规定，报公安部备案。

第七条 跨行政区域的火灾，由最先起火地的公安机关消防机构按照本规定第六条的分工负责调查，相关行政区域的公安机关消防机构予以协助。

对管辖权发生争议的，报请共同的上一级公安机关消防机构指定管辖。县级人民政府公安机关负责实施的火灾事故调查管辖权发生争议的，由共同的上一级主管公安机关指定。

第八条 上级公安机关消防机构应当对下级公安机关消防机构火灾事故调查工作进行监督和指导。

上级公安机关消防机构认为必要时，可以调查下级公安机关消防机构管辖的火灾。

第九条 公安机关消防机构接到火灾报警，应当及时派员赶赴现场，并指派火灾事故调查人员开展火灾事故调查工作。

第十条 具有下列情形之一的，公安机关消防机构应当立即报告主管公安机关通知具有管辖权的公安机关刑侦部门，公安机关刑侦部门接到通知后应当立即派员赶赴现场参加调查；涉嫌放火罪的，公安机关刑侦部门应当依法立案侦查，公安机关消防机构予以协助：

（一）有人员死亡的火灾；

（二）国家机关、广播电台、电视台、学校、医院、养老院、托儿所、幼儿园、文物保护单位、邮政和通信、交通枢纽等部门和单位发生的社会影响大的火灾；

（三）具有放火嫌疑的火灾。

第十一条 军事设施发生火灾需要公安机关消防机构协助调查的，由省级人民政府公安机关消防机构或者公安部消防局调派火灾事故调查专家协助。

第三章 简易程序

第十二条 同时具有下列情形的火灾，可以适用简易调查程序：

（一）没有人员伤亡的；

（二）直接财产损失轻微的；

（三）当事人对火灾事故事实没有异议的；

（四）没有放火嫌疑的。

前款第二项的具体标准由省级人民政府公安机关确定，报公安部备案。

第十三条 适用简易调查程序的，可以由一名火灾事故调查人员调查，并按照下列程序实施：

（一）表明执法身份，说明调查依据；

（二）调查走访当事人、证人，了解火灾发生过程、火灾烧损的主要物品及建筑物受损等与火灾有关的情况；

（三）查看火灾现场并进行照相或者录像；

（四）告知当事人调查的火灾事故事实，听取当事人的意见，当事人提出的事实、理由或者证据成立的，应当采纳；

（五）当场制作火灾事故简易调查认定书，由火灾事故调查人员、当事人签字或者捺指印后交付当事人。

火灾事故调查人员应当在二日内将火灾事故简易调查认定书报所属公安机关消防机构备案。

第四章 一般程序

第一节 一般规定

第十四条 除依照本规定适用简易调查程序的外,公安机关消防机构对火灾进行调查时,火灾事故调查人员不得少于两人。必要时,可以聘请专家或者专业人员协助调查。

第十五条 公安部和省级人民政府公安机关应当成立火灾事故调查专家组,协助调查复杂、疑难的火灾。专家组的专家协助调查火灾的,应当出具专家意见。

第十六条 火灾发生地的县级公安机关消防机构应当根据火灾现场情况,排除现场险情,保障现场调查人员的安全,并初步划定现场封闭范围,设置警戒标志,禁止无关人员进入现场,控制火灾肇事嫌疑人。

公安机关消防机构应当根据火灾事故调查需要,及时调整现场封闭范围,并在现场勘验结束后及时解除现场封闭。

第十七条 封闭火灾现场的,公安机关消防机构应当在火灾现场对封闭的范围、时间和要求等予以公告。

第十八条 公安机关消防机构应当自接到火灾报警之日起三十日内作出火灾事故认定;情况复杂、疑难的,经上一级公安机关消防机构批准,可以延长三十日。

火灾事故调查中需要进行检验、鉴定的,检验、鉴定时间不计入调查期限。

第二节 现场调查

第十九条 火灾事故调查人员应当根据调查需要,对发现、扑救火灾人员,熟悉起火场所、部位和生产工艺人员,火灾肇事嫌疑人和被侵害人等知情人员进行询问。对火灾肇事嫌疑人可以依法传唤。必要时，可以要求被询问人到火灾现场进行指认。

询问应当制作笔录，由火灾事故调查人员和被询问人签名或者捺指印。被询问人拒绝签名和捺指印的，应当在笔录中注明。

第二十条 勘验火灾现场应当遵循火灾现场勘验规则，采取现场照相或者录像、录音，制作现场勘验笔录和绘制现场图等方法记录现场情况。

对有人员死亡的火灾现场进行勘验的，火灾事故调查人员应当对尸体表面进行观察并记录，对尸体在火灾现场的位置进行调查。

现场勘验笔录应当由火灾事故调查人员、证人或者当事人签名。证人、当事人拒绝签名或者无法签名的，应当在现场勘验笔录上注明。现场图应当由制图人、审核人签字。

第二十一条 现场提取痕迹、物品，应当按照下列程序实施：

（一）量取痕迹、物品的位置、尺寸，并进行照相或者录像；

（二）填写火灾痕迹、物品提取清单，由提取人、证人或者当事人签名；证人、当事人拒绝签名或者无法签名的，应当在清单上注明；

（三）封装痕迹、物品，粘贴标签，标明火灾名称和封装痕迹、物品的名称、编号及其提取时间，由封装人、证人或者当事人签名；证人、当事人拒绝签名或者无法签名的，应当在标签上注明。

提取的痕迹、物品，应当妥善保管。

第二十二条 根据调查需要，经负责火灾事故调查的公安机关消防机构负责人批准，可以进行现场实验。现场实验应当照相或者录像，制作现场实验报告，并由实验人员签字。现场实验报告应当载明下列事项：

（一）实验的目的；

（二）实验时间、环境和地点；

（三）实验使用的仪器或者物品；

（四）实验过程；

（五）实验结果；

（六）其他与现场实验有关的事项。

第三节　检验、鉴定

第二十三条　现场提取的痕迹、物品需要进行专门性技术鉴定的，公安机关消防机构应当委托依法设立的鉴定机构进行，并与鉴定机构约定鉴定期限和鉴定检材的保管期限。

公安机关消防机构可以根据需要委托依法设立的价格鉴证机构对火灾直接财产损失进行鉴定。

第二十四条　有人员死亡的火灾，为了确定死因，公安机关消防机构应当立即通知本级公安机关刑事科学技术部门进行尸体检验。公安机关刑事科学技术部门应当出具尸体检验鉴定文书，确定死亡原因。

第二十五条　卫生行政主管部门许可的医疗机构具有执业资格的医生出具的诊断证明，可以作为公安机关消防机构认定人身伤害程度的依据。但是，具有下列情形之一的，应当由法医进行伤情鉴定：

（一）受伤程度较重，可能构成重伤的；

（二）火灾受伤人员要求作鉴定的；

（三）当事人对伤害程度有争议的；

（四）其他应当进行鉴定的情形。

第二十六条　对受损单位和个人提供的由价格鉴证机构出具的鉴定意见，公安机关消防机构应当审查下列事项：

（一）鉴证机构、鉴证人是否具有资质、资格；

（二）鉴证机构、鉴证人是否盖章签名；

（三）鉴定意见依据是否充分；

（四）鉴定是否存在其他影响鉴定意见正确性的情形。

对符合规定的，可以作为证据使用；对不符合规定的，不予采信。

第四节　火灾损失统计

第二十七条　受损单位和个人应当于火灾扑灭之日起七日内向火灾发生地的县级公安机关消防机构如实申报火灾直接财产损失，并附有效证明材料。

第二十八条　公安机关消防机构应当根据受损单位和个人的申报、依法设立的价格鉴证机构出具的火灾直接财产损失鉴定意见以及调查核实情况，按照有关规定，对火灾直接经济损失和人员伤亡进行如实统计。

第五节　火灾事故认定

第二十九条　公安机关消防机构应当根据现场勘验、调查询问和有关检验、鉴定意见等调查情况，及时作出起火原因的认定。

第三十条　对起火原因已经查清的，应当认定起火时间、起火部位、起火点和起火原因；对起火原因无法查清的，应当认定起火时间、起火点或者起火部位以及有证据能够排除和不能排除的起火原因。

第三十一条　公安机关消防机构在作出火灾事故认定前，应当召集当事人到场，说明拟认定的起火原因，听取当事人意见；当事人不到场的，应当记录在案。

第三十二条　公安机关消防机构应当制作火灾事故认定书，自作出之日起七日内送达当事人，并告知当事人申请复核的权利。无法送达的，可以在作出火灾事故认定之日起七日内公告送达。公告期为二十日，公告期满即视为送达。

第三十三条　对较大以上的火灾事故或者特殊的火灾事故，公安机关消防机构应当开展消防技术调查，形成消防技术调查报告，逐级上报至省级人民政府公安机关消防机构，重大以上的火灾事故调查报告报公安部消防局备案。调查报告应当包括下列内容：

（一）起火场所概况；

（二）起火经过和火灾扑救情况；

（三）火灾造成的人员伤亡、直接经济损失统计情况；

（四）起火原因和灾害成因分析；

（五）防范措施。

火灾事故等级的确定标准按照公安部的有关规定执行。

第三十四条　公安机关消防机构作出火灾事故认定后，当事人可以申请查阅、复制、摘录火灾事故认定书、现场勘验笔录和检验、鉴定意见，公安机关消防机构应当自接到申请之日起七日内提供，但涉及国家秘密、商业秘密、个人隐私或者移交公安机关其他部门处理的依法不予提供，并说明理由。

第六节　复　　核

第三十五条　当事人对火灾事故认定有异议的，可以自火灾事故认定书送达之日起十五日内，向上一级公安机关消防机构提出书面复核申请；对省级人民政府公安机关消防机构作出的火灾事故认定有异议的，向省级人民政府公安机关提出书面复核申请。

复核申请应当载明申请人的基本情况，被申请人的名称，复核请求，申请复核的主要事实、理由和证据，申请人的签名或者盖章，申请复核的日期。

第三十六条 复核机构应当自收到复核申请之日起七日内作出是否受理的决定并书面通知申请人。有下列情形之一的，不予受理：

（一）非火灾当事人提出复核申请的；

（二）超过复核申请期限的；

（三）复核机构维持原火灾事故认定或者直接作出火灾事故复核认定的；

（四）适用简易调查程序作出火灾事故认定的。

公安机关消防机构受理复核申请的，应当书面通知其他当事人，同时通知原认定机构。

第三十七条 原认定机构应当自接到通知之日起十日内，向复核机构作出书面说明，并提交火灾事故调查案卷。

第三十八条 复核机构应当对复核申请和原火灾事故认定进行书面审查，必要时，可以向有关人员进行调查；火灾现场尚存且未被破坏的，可以进行复核勘验。

复核审查期间，复核申请人撤回复核申请的，公安机关消防机构应当终止复核。

第三十九条 复核机构应当自受理复核申请之日起三十日内，作出复核决定，并按照本规定第三十二条规定的时限送达申请人、其他当事人和原认定机构。对需要向有关人员进行调查或者火灾现场复核勘验的，经复核机构负责人批准，复核期限可以延长三十日。

原火灾事故认定主要事实清楚、证据确实充分、程序合法，起火原因认定正确的，复核机构应当维持原火灾事故认定。

原火灾事故认定具有下列情形之一的，复核机构应当直接作出火灾事故复核认定或者责令原认定机构重新作出火灾事故认定，并撤销原认定机构作出的火灾事故认定：

（一）主要事实不清，或者证据不确实充分的；

（二）违反法定程序，影响结果公正的；

（三）认定行为存在明显不当，或者起火原因认定错误的；

（四）超越或者滥用职权的。

第四十条 原认定机构接到重新作出火灾事故认定的复核决定后，应当重新调查，在十五日内重新作出火灾事故认定。

复核机构直接作出火灾事故认定和原认定机构重新作出火灾事故认定前，应当向申请人、其他当事人说明重新认定情况；原认定机构重新作出的火灾事故认定书，应当按照本规定第三十二条规定的时限送达当事人，并报复核机构备案。

复核以一次为限。当事人对原认定机构重新作出的火灾事故认定，可以按照本规定第三十五条的规定申请复核。

第五章 火灾事故调查的处理

第四十一条 公安机关消防机构在火灾事故调查过程中，应当根据下列情况分别作出处理：

（一）涉嫌失火罪、消防责任事故罪的，按照《公安机关办理刑事案件程序规定》立案侦查；涉嫌其他犯罪的，及时移送有关主管部门办理；

（二）涉嫌消防安全违法行为的，按照《公安机关办理行政案件程序规定》调查处理；涉嫌其他违法行为的，及时移送有关主管部门调查处理；

（三）依照有关规定应当给予处分的，移交有关主管部门处理。

对经过调查不属于火灾事故的，公安机关消防机构应当告知当事人处理途径并记录在案。

第四十二条 公安机关消防机构向有关主管部门移送案件的，

应当在本级公安机关消防机构负责人批准后的二十四小时内移送，并根据案件需要附下列材料：

（一）案件移送通知书；

（二）案件调查情况；

（三）涉案物品清单；

（四）询问笔录，现场勘验笔录，检验、鉴定意见以及照相、录像、录音等资料；

（五）其他相关材料。

构成放火罪需要移送公安机关刑侦部门处理的，火灾现场应当一并移交。

第四十三条　公安机关其他部门应当自接受公安机关消防机构移送的涉嫌犯罪案件之日起十日内，进行审查并作出决定。依法决定立案的，应当书面通知移送案件的公安机关消防机构；依法不予立案的，应当说明理由，并书面通知移送案件的公安机关消防机构，退回案卷材料。

第四十四条　公安机关消防机构及其工作人员有下列行为之一的，依照有关规定给予责任人员处分；构成犯罪的，依法追究刑事责任：

（一）指使他人错误认定或者故意错误认定起火原因的；

（二）瞒报火灾、火灾直接经济损失、人员伤亡情况的；

（三）利用职务上的便利，索取或者非法收受他人财物的；

（四）其他滥用职权、玩忽职守、徇私舞弊的行为。

第六章　附　　则

第四十五条　本规定中下列用语的含义：

（一）"当事人"，是指与火灾发生、蔓延和损失有直接利害关系的单位和个人。

（二）"户"，用于统计居民、村民住宅火灾，按照公安机关登记的家庭户统计。

（三）本规定中十五日以内（含本数）期限的规定是指工作日，不含法定节假日。

（四）本规定所称的"以上"含本数、本级，"以下"不含本数。

第四十六条　火灾事故调查中有关回避、证据、调查取证、鉴定等要求，本规定没有规定的，按照《公安机关办理行政案件程序规定》执行。

第四十七条　执行本规定所需要的法律文书式样，由公安部制定。

第四十八条　本规定自2009年5月1日起施行。1999年3月15日发布施行的《火灾事故调查规定》（公安部令第37号）和2008年3月18日发布施行的《火灾事故调查规定修正案》（公安部令第100号）同时废止。

消防监督检查规定

（2009年4月30日公安部令第107号发布　根据2012年7月17日公安部令第120号《关于修改〈消防监督检查规定〉的决定》修正）

第一章　总　　则

第一条　为了加强和规范消防监督检查工作，督促机关、团体、企业、事业等单位（以下简称单位）履行消防安全职责，依据《中华人民共和国消防法》，制定本规定。

第二条　本规定适用于公安机关消防机构和公安派出所依法对单位遵守消防法律、法规情况进行消防监督检查。

第三条　直辖市、市（地区、州、盟）、县（市辖区、县级市、旗）公安机关消防机构具体实施消防监督检查，确定本辖区内的消防安全重点单位并由所属公安机关报本级人民政府备案。

公安派出所可以对居民住宅区的物业服务企业、居民委员会、村民委员会履行消防安全职责的情况和上级公安机关确定的单位实施日常消防监督检查。

公安派出所日常消防监督检查的单位范围由省级公安机关消防机构、公安派出所工作主管部门共同研究拟定，报省级公安机关确定。

第四条　上级公安机关消防机构应当对下级公安机关消防机构实施消防监督检查的情况进行指导和监督。

公安机关消防机构应当与公安派出所共同做好辖区消防监督工作，并对公安派出所开展日常消防监督检查工作进行指导，定期对公安派出所民警进行消防监督业务培训。

第五条　对消防监督检查的结果，公安机关消防机构可以通过适当方式向社会公告；对检查发现的影响公共安全的火灾隐患应当定期公布，提示公众注意消防安全。

第二章　消防监督检查的形式和内容

第六条　消防监督检查的形式有：

（一）对公众聚集场所在投入使用、营业前的消防安全检查；

（二）对单位履行法定消防安全职责情况的监督抽查；

（三）对举报投诉的消防安全违法行为的核查；

（四）对大型群众性活动举办前的消防安全检查；

（五）根据需要进行的其他消防监督检查。

第七条 公安机关消防机构根据本地区火灾规律、特点等消防安全需要组织监督抽查；在火灾多发季节，重大节日、重大活动前或者期间，应当组织监督抽查。

消防安全重点单位应当作为监督抽查的重点，非消防安全重点单位必须在监督抽查的单位数量中占有一定比例。对属于人员密集场所的消防安全重点单位每年至少监督检查一次。

第八条 公众聚集场所在投入使用、营业前，建设单位或者使用单位应当向场所所在地的县级以上人民政府公安机关消防机构申请消防安全检查，并提交下列材料：

（一）消防安全检查申报表；

（二）营业执照复印件或者工商行政管理机关出具的企业名称预先核准通知书；

（三）依法取得的建设工程消防验收或者进行竣工验收消防备案的法律文件复印件；

（四）消防安全制度、灭火和应急疏散预案、场所平面布置图；

（五）员工岗前消防安全教育培训记录和自动消防系统操作人员取得的消防行业特有工种职业资格证书复印件；

（六）法律、行政法规规定的其他材料。

依照《建设工程消防监督管理规定》不需要进行竣工验收消防备案的公众聚集场所申请消防安全检查的，还应当提交场所室内装修消防设计施工图、消防产品质量合格证明文件，以及装修材料防火性能符合消防技术标准的证明文件、出厂合格证。

公安机关消防机构对消防安全检查的申请，应当按照行政许可有关规定受理。

第九条 对公众聚集场所投入使用、营业前进行消防安全检查，应当检查下列内容：

（一）建筑物或者场所是否依法通过消防验收合格或者进行竣工验收消防备案抽查合格；依法进行竣工验收消防备案但没有进行备案抽查的建筑物或者场所是否符合消防技术标准；

（二）消防安全制度、灭火和应急疏散预案是否制定；

（三）自动消防系统操作人员是否持证上岗，员工是否经过岗前消防安全培训；

（四）消防设施、器材是否符合消防技术标准并完好有效；

（五）疏散通道、安全出口和消防车通道是否畅通；

（六）室内装修材料是否符合消防技术标准；

（七）外墙门窗上是否设置影响逃生和灭火救援的障碍物。

第十条 对单位履行法定消防安全职责情况的监督抽查，应当根据单位的实际情况检查下列内容：

（一）建筑物或者场所是否依法通过消防验收或者进行竣工验收消防备案，公众聚集场所是否通过投入使用、营业前的消防安全检查；

（二）建筑物或者场所的使用情况是否与消防验收或者进行竣工验收消防备案时确定的使用性质相符；

（三）消防安全制度、灭火和应急疏散预案是否制定；

（四）消防设施、器材和消防安全标志是否定期组织维修保养，是否完好有效；

（五）电器线路、燃气管路是否定期维护保养、检测；

（六）疏散通道、安全出口、消防车通道是否畅通，防火分区是否改变，防火间距是否被占用；

（七）是否组织防火检查、消防演练和员工消防安全教育培训，自动消防系统操作人员是否持证上岗；

（八）生产、储存、经营易燃易爆危险品的场所是否与居住场所设置在同一建筑物内；

（九）生产、储存、经营其他物品的场所与居住场所设置在同一建筑物内的，是否符合消防技术标准；

（十）其他依法需要检查的内容。

对人员密集场所还应当抽查室内装修材料是否符合消防技术标准、外墙门窗上是否设置影响逃生和灭火救援的障碍物。

第十一条 对消防安全重点单位履行法定消防安全职责情况的监督抽查，除检查本规定第十条规定的内容外，还应当检查下列内容：

（一）是否确定消防安全管理人；

（二）是否开展每日防火巡查并建立巡查记录；

（三）是否定期组织消防安全培训和消防演练；

（四）是否建立消防档案、确定消防安全重点部位。

对属于人员密集场所的消防安全重点单位，还应当检查单位灭火和应急疏散预案中承担灭火和组织疏散任务的人员是否确定。

第十二条 在大型群众性活动举办前对活动现场进行消防安全检查，应当重点检查下列内容：

（一）室内活动使用的建筑物（场所）是否依法通过消防验收或者进行竣工验收消防备案，公众聚集场所是否通过使用、营业前的消防安全检查；

（二）临时搭建的建筑物是否符合消防安全要求；

（三）是否制定灭火和应急疏散预案并组织演练；

（四）是否明确消防安全责任分工并确定消防安全管理人员；

（五）活动现场消防设施、器材是否配备齐全并完好有效；

（六）活动现场的疏散通道、安全出口和消防车通道是否畅通；

（七）活动现场的疏散指示标志和应急照明是否符合消防技术标准并完好有效。

第十三条 对大型的人员密集场所和其他特殊建设工程的施工现场进行消防监督检查，应当重点检查施工单位履行下列消防安全职责的情况：

（一）是否明确施工现场消防安全管理人员，是否制定施工现场消防安全制度、灭火和应急疏散预案；

（二）在建工程内是否设置人员住宿、可燃材料及易燃易爆危险品储存等场所；

（三）是否设置临时消防给水系统、临时消防应急照明，是否配备消防器材，并确保完好有效；

（四）是否设有消防车通道并畅通；

（五）是否组织员工消防安全教育培训和消防演练；

（六）施工现场人员宿舍、办公用房的建筑构件燃烧性能、安全疏散是否符合消防技术标准。

第三章 消防监督检查的程序

第十四条 公安机关消防机构实施消防监督检查时，检查人员不得少于两人，并出示执法身份证件。

消防监督检查应当填写检查记录，如实记录检查情况。

第十五条 对公众聚集场所投入使用、营业前的消防安全检查，公安机关消防机构应当自受理申请之日起十个工作日内进行检查，自检查之日起三个工作日内作出同意或者不同意投入使用或者营业的决定，并送达申请人。

第十六条 对大型群众性活动现场在举办前进行的消防安全检查,公安机关消防机构应当在接到本级公安机关治安部门书面通知之日起三个工作日内进行检查,并将检查记录移交本级公安机关治安部门。

第十七条 公安机关消防机构接到对消防安全违法行为的举报投诉,应当及时受理、登记,并按照《公安机关办理行政案件程序规定》的相关规定处理。

第十八条 公安机关消防机构应当按照下列时限,对举报投诉的消防安全违法行为进行实地核查:

(一)对举报投诉占用、堵塞、封闭疏散通道、安全出口或者其他妨碍安全疏散行为,以及擅自停用消防设施的,应当在接到举报投诉后二十四小时内进行核查;

(二)对举报投诉本款第一项以外的消防安全违法行为,应当在接到举报投诉之日起三个工作日内进行核查。

核查后,对消防安全违法行为应当依法处理。处理情况应当及时告知举报投诉人;无法告知的,应当在受理登记中注明。

第十九条 在消防监督检查中,公安机关消防机构对发现的依法应当责令立即改正的消防安全违法行为,应当当场制作、送达责令立即改正通知书,并依法予以处罚;对依法应当责令限期改正的,应当自检查之日起三个工作日内制作、送达责令限期改正通知书,并依法予以处罚。

对违法行为轻微并当场改正完毕,依法可以不予行政处罚的,可以口头责令改正,并在检查记录上注明。

第二十条 对依法责令限期改正的,应当根据改正违法行为的难易程度合理确定改正期限。

公安机关消防机构应当在责令限期改正期限届满或者收到当事

人的复查申请之日起三个工作日内进行复查。对逾期不改正的,依法予以处罚。

第二十一条 在消防监督检查中,发现城乡消防安全布局、公共消防设施不符合消防安全要求,或者发现本地区存在影响公共安全的重大火灾隐患的,公安机关消防机构应当组织集体研究确定,自检查之日起七个工作日内提出处理意见,由所属公安机关书面报告本级人民政府解决;对影响公共安全的重大火灾隐患,还应当在确定之日起三个工作日内制作、送达重大火灾隐患整改通知书。

重大火灾隐患判定涉及复杂或者疑难技术问题的,公安机关消防机构应当在确定前组织专家论证。组织专家论证的,前款规定的期限可以延长十个工作日。

第二十二条 公安机关消防机构在消防监督检查中发现火灾隐患,应当通知有关单位或者个人立即采取措施消除;对具有下列情形之一,不及时消除可能严重威胁公共安全的,应当对危险部位或者场所予以临时查封:

(一)疏散通道、安全出口数量不足或者严重堵塞,已不具备安全疏散条件的;

(二)建筑消防设施严重损坏,不再具备防火灭火功能的;

(三)人员密集场所违反消防安全规定,使用、储存易燃易爆危险品的;

(四)公众聚集场所违反消防技术标准,采用易燃、可燃材料装修,可能导致重大人员伤亡的;

(五)其他可能严重威胁公共安全的火灾隐患。

临时查封期限不得超过三十日。临时查封期限届满后,当事人仍未消除火灾隐患的,公安机关消防机构可以再次依法予以临时查封。

第二十三条 临时查封应当由公安机关消防机构负责人组织集体研究决定。决定临时查封的,应当研究确定查封危险部位或者场所的范围、期限和实施方法,并自检查之日起三个工作日内制作、送达临时查封决定书。

情况紧急、不当场查封可能严重威胁公共安全的,消防监督检查人员可以在口头报请公安机关消防机构负责人同意后当场对危险部位或者场所实施临时查封,并在临时查封后二十四小时内由公安机关消防机构负责人组织集体研究,制作、送达临时查封决定书。经集体研究认为不应当采取临时查封措施的,应当立即解除。

第二十四条 临时查封由公安机关消防机构负责人组织实施。需要公安机关其他部门或者公安派出所配合的,公安机关消防机构应当报请所属公安机关组织实施。

实施临时查封应当遵守下列规定:

(一)实施临时查封时,通知当事人到场,当场告知当事人采取临时查封的理由、依据以及当事人依法享有的权利、救济途径,听取当事人的陈述和申辩;

(二)当事人不到场的,邀请见证人到场,由见证人和消防监督检查人员在现场笔录上签名或者盖章;

(三)在危险部位或者场所及其有关设施、设备上加贴封条或者采取其他措施,使危险部位或者场所停止生产、经营或者使用;

(四)对实施临时查封情况制作现场笔录,必要时,可以进行现场照相或者录音录像。

实施临时查封后,当事人请求进入被查封的危险部位或者场所整改火灾隐患的,应当允许。但不得在被查封的危险部位或者场所生产、经营或者使用。

第二十五条 火灾隐患消除后,当事人应当向作出临时查封决定的公安机关消防机构申请解除临时查封。公安机关消防机构应当自收到申请之日起三个工作日内进行检查，自检查之日起三个工作日内作出是否同意解除临时查封的决定，并送达当事人。

对检查确认火灾隐患已消除的，应当作出解除临时查封的决定。

第二十六条 对当事人有《中华人民共和国消防法》第六十条第一款第三项、第四项、第五项、第六项规定的消防安全违法行为，经责令改正拒不改正的，公安机关消防机构应当按照《中华人民共和国行政强制法》第五十一条、第五十二条的规定组织强制清除或者拆除相关障碍物、妨碍物，所需费用由违法行为人承担。

第二十七条 当事人不执行公安机关消防机构作出的停产停业、停止使用、停止施工决定的，作出决定的公安机关消防机构应当自履行期限届满之日起三个工作日内催告当事人履行义务。当事人收到催告书后有权进行陈述和申辩。公安机关消防机构应当充分听取当事人的意见，记录、复核当事人提出的事实、理由和证据。当事人提出的事实、理由或者证据成立的，应当采纳。

经催告，当事人逾期仍不履行义务且无正当理由的，公安机关消防机构负责人应当组织集体研究强制执行方案，确定执行的方式和时间。强制执行决定书应当自决定之日起三个工作日内制作、送达当事人。

第二十八条 强制执行由作出决定的公安机关消防机构负责人组织实施。需要公安机关其他部门或者公安派出所配合的，公安机关消防机构应当报请所属公安机关组织实施；需要其他行政部门配合的，公安机关消防机构应当提出意见，并由所属公安机关报请本级人民政府组织实施。

实施强制执行应当遵守下列规定：

（一）实施强制执行时，通知当事人到场，当场向当事人宣读强制执行决定，听取当事人的陈述和申辩；

（二）当事人不到场的，邀请见证人到场，由见证人和消防监督检查人员在现场笔录上签名或者盖章；

（三）对实施强制执行过程制作现场笔录，必要时，可以进行现场照相或者录音录像；

（四）除情况紧急外，不得在夜间或者法定节假日实施强制执行；

（五）不得对居民生活采取停止供水、供电、供热、供燃气等方式迫使当事人履行义务。

有《中华人民共和国行政强制法》第三十九条、第四十条规定的情形之一的，中止执行或者终结执行。

第二十九条　对被责令停止施工、停止使用、停产停业处罚的当事人申请恢复施工、使用、生产、经营的，公安机关消防机构应当自收到书面申请之日起三个工作日内进行检查，自检查之日起三个工作日内作出决定，送达当事人。

对当事人已改正消防安全违法行为、具备消防安全条件的，公安机关消防机构应当同意恢复施工、使用、生产、经营；对违法行为尚未改正、不具备消防安全条件的，应当不同意恢复施工、使用、生产、经营，并说明理由。

第四章　公安派出所日常消防监督检查

第三十条　公安派出所对其日常监督检查范围的单位，应当每年至少进行一次日常消防监督检查。

公安派出所对群众举报投诉的消防安全违法行为，应当及时受理，依法处理；对属于公安机关消防机构管辖的，应当依照《公安机关办理行政案件程序规定》在受理后及时移送公安机关消防机构处理。

第三十一条 公安派出所对单位进行日常消防监督检查，应当检查下列内容：

（一）建筑物或者场所是否依法通过消防验收或者进行竣工验收消防备案，公众聚集场所是否依法通过投入使用、营业前的消防安全检查；

（二）是否制定消防安全制度；

（三）是否组织防火检查、消防安全宣传教育培训、灭火和应急疏散演练；

（四）消防车通道、疏散通道、安全出口是否畅通，室内消火栓、疏散指示标志、应急照明、灭火器是否完好有效；

（五）生产、储存、经营易燃易爆危险品的场所是否与居住场所设置在同一建筑物内。

对设有建筑消防设施的单位，公安派出所还应当检查单位是否对建筑消防设施定期组织维修保养。

对居民住宅区的物业服务企业进行日常消防监督检查，公安派出所除检查本条第一款第（二）至（四）项内容外，还应当检查物业服务企业对管理区域内共用消防设施是否进行维护管理。

第三十二条 公安派出所对居民委员会、村民委员会进行日常消防监督检查，应当检查下列内容：

（一）消防安全管理人是否确定；

（二）消防安全工作制度、村（居）民防火安全公约是否制定；

（三）是否开展消防宣传教育、防火安全检查；

（四）是否对社区、村庄消防水源（消火栓）、消防车通道、消防器材进行维护管理；

（五）是否建立志愿消防队等多种形式消防组织。

第三十三条　公安派出所民警在日常消防监督检查时,发现被检查单位有下列行为之一的,应当责令依法改正:

(一) 未制定消防安全制度、未组织防火检查和消防安全教育培训、消防演练的;

(二) 占用、堵塞、封闭疏散通道、安全出口的;

(三) 占用、堵塞、封闭消防车通道,妨碍消防车通行的;

(四) 埋压、圈占、遮挡消火栓或者占用防火间距的;

(五) 室内消火栓、灭火器、疏散指示标志和应急照明未保持完好有效的;

(六) 人员密集场所在外墙门窗上设置影响逃生和灭火救援的障碍物的;

(七) 违反消防安全规定进入生产、储存易燃易爆危险品场所的;

(八) 违反规定使用明火作业或者在具有火灾、爆炸危险的场所吸烟、使用明火的;

(九) 生产、储存和经营易燃易爆危险品的场所与居住场所设置在同一建筑物内的;

(十) 未对建筑消防设施定期组织维修保养的。

公安派出所发现被检查单位的建筑物未依法通过消防验收,或者进行竣工验收消防备案,擅自投入使用的;公众聚集场所未依法通过使用、营业前的消防安全检查,擅自使用、营业的,应当在检查之日起五个工作日内书面移交公安机关消防机构处理。

公安派出所民警进行日常消防监督检查,应当填写检查记录,记录发现的消防安全违法行为、责令改正的情况。

第三十四条　公安派出所在日常消防监督检查中,发现存在严重威胁公共安全的火灾隐患,应当在责令改正的同时书面报告乡镇人民政府或者街道办事处和公安机关消防机构。

第五章 执法监督

第三十五条 公安机关消防机构应当健全消防监督检查工作制度，建立执法档案，定期进行执法质量考评，落实执法过错责任追究。

公安机关消防机构及其工作人员进行消防监督检查，应当自觉接受单位和公民的监督。

第三十六条 公安机关消防机构及其工作人员在消防监督检查中有下列情形的，对直接负责的主管人员和其他直接责任人员应当依法给予处分；构成犯罪的，依法追究刑事责任：

（一）不按规定制作、送达法律文书，不按照本规定履行消防监督检查职责，拒不改正的；

（二）对不符合消防安全条件的公众聚集场所准予消防安全检查合格的；

（三）无故拖延消防安全检查，不在法定期限内履行职责的；

（四）未按照本规定组织开展消防监督抽查的；

（五）发现火灾隐患不及时通知有关单位或者个人整改的；

（六）利用消防监督检查职权为用户指定消防产品的品牌、销售单位或者指定消防技术服务机构、消防设施施工、维修保养单位的；

（七）接受被检查单位、个人财物或者其他不正当利益的；

（八）其他滥用职权、玩忽职守、徇私舞弊的行为。

第三十七条 公安机关消防机构工作人员的近亲属严禁在其管辖的区域或者业务范围内经营消防公司、承揽消防工程、推销消防产品。

违反前款规定的，按照有关规定对公安机关消防机构工作人员予以处分。

第六章 附 则

第三十八条 具有下列情形之一的,应当确定为火灾隐患:

(一)影响人员安全疏散或者灭火救援行动,不能立即改正的;

(二)消防设施未保持完好有效,影响防火灭火功能的;

(三)擅自改变防火分区,容易导致火势蔓延、扩大的;

(四)在人员密集场所违反消防安全规定,使用、储存易燃易爆危险品,不能立即改正的;

(五)不符合城市消防安全布局要求,影响公共安全的;

(六)其他可能增加火灾实质危险性或者危害性的情形。

重大火灾隐患按照国家有关标准认定。

第三十九条 有固定生产经营场所且具有一定规模的个体工商户,应当纳入消防监督检查范围。具体标准由省、自治区、直辖市公安机关消防机构确定并公告。

第四十条 铁路、港航、民航公安机关和国有林区的森林公安机关在管辖范围内实施消防监督检查参照本规定执行。

第四十一条 执行本规定所需要的法律文书式样,由公安部制定。

第四十二条 本规定自2009年5月1日起施行。2004年6月9日发布的《消防监督检查规定》(公安部令第73号)同时废止。

附录二 典型案例

李某远危险作业案
——关闭消防安全设备"现实危险"的把握标准[1]

一、基本案情

被告人李某远,男,汉族,1975年10月9日出生,浙江省永康市雅某酒店用品有限公司(以下简称雅某公司)负责人。

2020年,雅某公司因安全生产需要,在油漆仓库、危废仓库等生产作业区域安装了可燃气体报警器。2021年10月以来,李某远在明知关闭可燃气体报警器会导致无法实时监测生产过程中释放的可燃气体浓度,安全生产存在重大隐患情况下,为节约生产开支而擅自予以关闭。2022年5月10日,雅某公司作业区域发生火灾。同年5月16日至17日,消防部门对雅某公司进行检查发现该公司存在擅自停用可燃气体报警装置等影响安全生产问题,且在上述关闭可燃气体报警器区域内发现存放有朗格牌清味底漆固化剂10桶、首邦漆A2固化剂16桶、首邦漆五分哑耐磨爽滑清面漆16桶等大量油漆、稀释剂,遂责令该公司立即整改,并将上述案件线索移送永康市公安局。经检验,上述清面漆、固化剂均系易燃液体,属于危险化学品。

二、处理结果

浙江省永康市人民检察院依托数据应用平台通过大数据筛查发现,消防部门移送公安机关的李某远危险作业案一直未予立案。经进一步调取查阅相关案卷材料,永康市人民检察院认为李某远的行

---

[1] 载中华人民共和国最高人民法院官网2022年12月15日,https://www.court.gov.cn/zixun-xiangqing-383601.html。

为已经涉嫌危险作业罪，依法要求公安机关说明不立案理由。永康市公安局经重新审查后决定立案侦查，立案次日再次对雅某公司现场检查发现，该公司虽然清理了仓库内的清面漆、固化剂等危险化学品，但可燃气体报警装置仍处于关闭状态。永康市公安局以李某远涉嫌危险作业罪移送永康市人民检察院审查起诉。

永康市人民检察院经审查认为，李某远擅自关闭可燃气体报警器的行为，具有发生重大伤亡事故或其他严重后果的现实危险：一是关闭可燃气体报警装置存在重大安全隐患。《建筑设计防火规范》（2018年版）明确，建筑内可能散发可燃气体、可燃蒸气的场所应设置可燃气体报警装置。本案现场虽按规定设置了可燃气体报警装置，但李某远在得知现场可燃气体浓度超标会引发报警装置报警后，为了节省生产开支，未及时采取措施降低现场可燃气体浓度，而是直接关闭停用报警装置，导致企业的生产安全面临重大隐患。二是"危险"具有现实性。涉案现场不仅堆放了3瓶瓶装液化天然气（其中1瓶处于使用状态），还堆放了大量油漆、固化剂等危险化学品以及数吨油漆渣等危废物，企业的车间喷漆中也会产生大量挥发性可燃气体，一旦遇到明火或者浓度达到一定临界值，将引发火灾或者爆炸事故。三是"危险"具有紧迫性。案发前，涉案厂区曾发生过火灾，客观上已经出现了"小事故"，之所以没有发生重大伤亡等严重后果，只是因为在发生重大险情的时段，喷漆车间已经连续几天停止作业，相关区域的可燃气体浓度恰好没有达到临界值，且发现及时得以迅速扑灭，属于由于偶然因素侥幸避免。经消防检查，当即明确提出企业存在"擅自停用可燃气体报警装置"等消防安全隐患，但李某远一直未予整改。永康市人民检察院以危险作业罪对李某远提起公诉。永康市人民法院以危险作业罪判处李某远有期徒刑八个月。宣判后无上诉、抗诉，判决已生效。

三、典型意义

根据刑法第 134 条之一规定,危险作业罪中"具有发生重大伤亡事故或者其他严重后果的现实危险",是指客观存在的、紧迫的危险,这种危险未及时消除、持续存在,将可能随时导致发生重大伤亡事故或者其他严重后果。司法实践中,是否属于"具有发生重大伤亡事故或者其他严重后果的现实危险",应当结合行业属性、行为对象、现场环境、违规行为严重程度、纠正整改措施的及时性和有效性等具体因素,进行综合判断。司法机关在办理具体案件过程中要准确把握立法原意,对于行为人关闭、破坏直接关系生产安全的监控、报警、防护、救生设备、设施,已经出现重大险情,或者发生了"小事故",由于偶然性的客观原因而未造成重大严重后果的情形,可以认定为"具有发生重大伤亡事故或者其他严重后果的现实危险"。

海南省人民检察院督促整治液化天然气安全隐患行政公益诉讼案[①]

【关键词】

行政公益诉讼诉前程序　安全生产　液化天然气点供　一体化办案

【要旨】

近年来全国燃气事故多发频发,燃气行业安全生产隐患的排查整改和防患于未然尤为紧迫和重要。检察机关督促相关职能部门依法履行燃气和危险化学品监督管理职责,及时消除安全隐患,化解

---

① 载中华人民共和国最高人民检察院官网 2022 年 12 月 16 日,https://www.spp.gov.cn/xwfbh/wsfbt/202212/t20221216_ 595705. shtml#2。

重大安全风险，堵塞安全监管漏洞，确保安全生产各项政策和规定落到实处、见到实效。

【基本案情】

2017年11月，海南省某市政府（以下简称市政府）引进海南某清洁能源有限公司等8家LNG（液化天然气）点供企业对某加工产业企业实施"煤改气"，使用LNG作为锅炉燃料，并建成48个LNG气化站。市政府及相关职能部门未对LNG点供企业及气化站的进驻程序和生产经营进行规范、有序管理，存在履职不充分、监管不到位等问题。在事前审核环节，LNG气化站没有办理城镇燃气或危险化学品经营许可证、没有履行消防设计审核及验收等手续。在安全风险防控环节，市政府没有组织对LNG气化站安全生产设施进行审查和开展安全风险评估论证，没有组织相关职能部门和生产经营单位实施重大风险联防联控、编制安全生产权力和责任清单等。在事后处置环节，市政府及相关职能部门未严格落实安全隐患排除治理制度、重大事故隐患治理督办制度等，发现重大安全隐患未能依法排除、及时处理。2020年8月至2021年7月期间，市政府及相关职能部门对LNG点供企业及气化站开展过三次安全生产检查，但发现的安全隐患甚至高风险隐患并未整改完毕。

【调查和督促履职】

2021年8月，海南省人民检察院（以下简称海南省院）在履行公益诉讼职责中发现该线索，依法将线索移交海南省万宁市人民检察院（以下简称万宁市院）办理。调查期间，鉴于案情重大复杂，海南省院于2021年10月20日决定与万宁市院实行一体化办案，将该案作为自办案件提级办理。经过实地查看、询问行政机关工作人员和违法行为人及证人、查阅相关资料、调取相关书证、走访相关职能部门，查清造成液化天然气安全隐患的具体违法情况、责任主体、相关义务及职责等。

经调查发现，LNG 气化站存在诸多重大安全隐患，比如气化站没有实体围堰、围墙，围堰设置不符合规范要求，储罐、放散管之间及与站外建构筑物（厂房）之间防火间距不足，站点选址紧邻乡镇道路，罐区离高压线太近等，相关职能部门就 LNG 气化站"主管部门是谁""适用危险化学品还是城镇燃气管理"等问题产生分歧。2021 年 11 月 19 日，海南省院和万宁市院根据《中华人民共和国安全生产法》（以下简称安全生产法）、《城镇燃气管理条例》、《危险化学品安全管理条例》相关规定，分别向市政府及相关职能部门制发检察建议。建议其依法全面履行安全生产监管职责，及时消除安全隐患。明确 LNG 气化站的监管主管部门和监管责任，创新监管方式，强化监管实效，引导企业依法合规生产经营，规范行业安全生产。

收到检察建议后，市政府及相关职能部门高度重视，成立领导小组，制定整治方案，并召开专题会议。期间，省编制部门向全省各市县下发通知，明确相关职能部门对 LNG 点供的监管职责。市政府根据该文件进一步细化和明确辖区 LNG 点供监管主管部门和监管责任，组织相关职能部门对之前未落实整改的 LNG 企业及其安全隐患问题进行复查，并依法移送相关执法部门查处。市政府出具了整改承诺函，承诺根据 LNG 气化站具体情况，采取利用管道燃气代替、协调改用其他能源、原站点整改等措施推进整改工作。截至 2022 年 10 月 31 日，48 个 LNG 气化站中已完成整改 33 个，占 68.8%；正在推进整改 15 个，占 31.2%。

【典型意义】

检察机关通过一体化办案方式，解决了 LNG 点供行业安全生产监管部门及职责、执法依据和标准不明确的问题。根据安全生产法确定的安全生产领域"管行业必须管安全"的原则，紧扣相关职能部门"三定"方案，从一般关系到特殊关系进行辨析，就相关职能部门在 LNG 点供中的综合监管及直接监管责任作出判断，指出各职能部门应当承担的监管职责，阐明 LNG 点供是适用危险化学品还是城镇燃气管理的问题，以司法办案推动 LNG 点供行业专项整治顺利开展，推动安全发展理念落地落实。

上海市崇明区人民检察院督促农家乐安装可燃气体报警装置行政公益诉讼案[①]

【关键词】

行政公益诉讼诉前程序　燃气安全　可燃气体报警装置　多元主体协同　事前提示机制

【要旨】

针对经营餐饮的农家乐未安装可燃气体报警装置存在重大安全隐患，检察机关通过发挥检察公益诉讼职能，督促相关行政机关依法履行监督管理职责。在督促燃气行业管理部门解决"存量"问题的基础上，通过推动农家乐行业管理部门构建事前提示机制，燃气行业管理部门将可燃气体报警装置安装事项纳入乡镇考核评价体系，公安、应急、消防等部门协同开展农家乐安全生产专项检查等方式解决新设农家乐燃气安全隐患"增量"问题，及时防范化解安全生产风险。

【基本案情】

上海市崇明区现有农家乐961家，选址大多位于居民住宅区，

[①] 载中华人民共和国最高人民检察院官网 2022 年 12 月 16 日，https：//www.spp.gov.cn/xwfbh/wsfbt/202212/t20221216_595705.shtml#2。

人口密集，现农家乐数量不断增长，燃气使用规模不断扩大，大量农家乐餐饮经营主体因燃气安全风险防控基础薄弱、管理缺失，在《中华人民共和国安全生产法》实施后，仍未依照法律规定安装可燃气体报警装置即开展餐饮经营活动，存在重大安全隐患，威胁人民群众生命财产安全。

【调查和督促履职】

2022年2月10日，有群众向上海市崇明区人民检察院（以下简称"崇明区院"）举报，崇明区农家乐经营主体经营餐饮使用燃气，未安装可燃气体报警装置，存在安全隐患。崇明区院接到举报线索后，立即制定《关于农家乐安全生产问题的调查方案》，部署对辖区内农家乐经营主体燃气安全问题开展调查。

2022年2月15日，崇明区院通过检索国家企业信用信息公示系统，与区文化和旅游局（农家乐行业管理部门）沟通联络，了解崇明区农家乐经营主体现状，并前往农家乐保有量最大的两个乡镇进行实地走访摸排。在办案人员走访调查的9家农家乐中，有8家未安装可燃气体报警装置，这些农家乐将燃气瓶放置在厨房间外，燃气瓶通过约3米长的软管与室内厨房间的燃气灶相连，一旦发生燃气泄漏，厨房间内的人无法及时发现，且仅依靠人工识别气味，也难以确保及时发现燃气泄漏，具有重大燃气安全隐患。上述农家乐经营者利用自有的农村房屋作为经营场所，周边均系居民住宅，人口密集，如果不能及时发现燃气泄漏等隐患，将严重威胁人民群众的生命财产安全。

根据《中华人民共和国安全生产法》第三十六条第四款规定，餐饮等行业的生产经营单位使用燃气的，应当安装可燃气体报警装置，并保障其正常使用。崇明区内有大量农家乐餐饮经营单位未安装可燃气体报警装置。因农家乐安全生产工作涉及职能部门多，崇明区院结合农家乐行业管理部门、燃气行业管理部门不一致的实际，多次走访区文化和旅游局、区建设和管理委员会、区消防救援支队、区市场监督管理局等了解情况、查阅制度文件，在厘清农家乐可燃气体报警装置监管部门为区建设和管理委员会的基础上，制发检察建议，建议区建设和管理委员会依法履行燃气安全监管职责，对农家乐经营主体未依法安装可燃气体报警装置的行为予以处置，督促辖区内农家乐餐饮经营主体做到应装尽装。

崇明区院调查发现，崇明区辖区内的农家乐均为小型餐饮企业，其大多使用钢瓶液化石油气，因钢瓶液化石油气使用前无须向区建设和管理委员会申请批准，故区建设和管理委员会无法第一时间掌握农家乐用气情况。此外，区文化和旅游局作为农家乐行业管理部门，其需在区市场监督管理局向农家乐颁发食品经营许可后，方能了解其监管的农家乐是否经营餐饮，也无法从源头上督促农家乐安装可燃气体报警装置，行政机关对新设立农家乐带来的可燃气体报警装置安装"增量"问题尚无有效的解决方案。为解决上述问题，崇明区院与区建设和管理委员会、区文化和旅游局多次商讨后，会签《关于引导农家乐规范安装可燃气体报警装置的协作备忘录》，备忘录约定：区文化和旅游局在收到农家乐经营主体申请设立农家乐时，以书面提示方式要求拟经营餐饮服务的农家乐安装可燃气体报警装置，并将情况同步抄送区建设和管理委员会，便于两部门共同对农家乐燃气安全问题进行监管。同时，因农家乐数量多、分布区域广，安装可燃气体报警装置工作主要由区建设和管理委员会督促各乡镇安全办落实，崇明区院推动区建设和管理委员会将可燃气体报警装置安装事项纳入乡镇考核评价体系中，以督促各乡镇做好可燃气体报警装置安全、日常使用工作。

2022年6月17日，崇明区院与区建设和管理委员会、应急管理局、消防救援支队、文化和旅游局等部门邀请安全生产领域专家、"益心为公"云平台志愿者、区人大代表组成公益整改评估团对本案行政机关的整改情况进行跟进监督,评估团分别对农家乐可燃气体报警装置安装情况、燃气安全使用情况进行现场察看,评估认为区建设和管理委员会积极履职落实整改,不但督促检察建议书中存在燃气安全隐患的农家乐经营主体安装可燃气体报警装置,还对辖区内所有小型餐饮企业进行摸排调查,做到了农家乐及小型餐饮企业可燃气体报警装置安装全覆盖。

【典型意义】

餐饮行业使用燃气应当安装可燃气体报警装置,这是《中华人民共和国安全生产法》的强制性要求。针对大量农家乐使用燃气但未安装可燃气体报警装置的问题,检察机关通过与相关行政机关沟通协调,督促农家乐餐饮经营主体做到应装尽装。同时,推动构建农家乐设立事前提示机制及农家乐申请餐饮经营资质同步报送抄送机制,推动燃气行业管理部门将安装可燃气体报警装置工作纳入乡镇考核评价体系,从源头上防范化解安全生产风险。

四川省成都市龙泉驿区人民检察院督促整治电动自行车锂电池智能换电柜消防安全隐患行政公益诉讼案[①]

【关键词】

行政公益诉讼诉前程序　安全生产　智能换电柜消防安全　政

---

① 载中华人民共和国最高人民检察院官网 2022 年 12 月 16 日,https://www.spp.gov.cn/xwfbh/wsfbt/202212/t20221216_ 595705.shtml#2。

协提案衔接转化　地方立法

【要旨】

针对电动自行车锂电池智能换电柜存在的消防安全隐患和国家标准缺失等问题，检察机关通过发挥公益诉讼检察职能，推动应急管理、消防救援等部门形成监管合力，全面开展行业治理，实现全市换电柜安全监管全覆盖，并为出台地方立法提供实践样本，推动从行业监管到地方立法一体解决电动自行车锂电池智能换电柜消防安全问题，切实保护人民群众生命财产安全。

【基本案情】

随着外卖和快递行业不断拓展，电动自行车锂电池"以换代充"业务悄然兴起。电动自行车使用者可在智能换电柜经营点通过扫码支付更换电瓶，及时解决电动自行车补能问题。2021年以来，成都某科技公司与主营锂电池租赁业务的广西某科技公司合作开展电动自行车锂电池智能换电柜经营业务，在成都市龙泉驿区布设4个电动自行车锂电池智能换电柜，由于缺乏行业规范，智能换电柜设置地点存在选址随意、安装不规范、经营场地有消防安全隐患等问题，严重威胁人民群众生命财产安全。

【调查和督促履职】

四川省成都市龙泉驿区人民检察院（以下简称"龙泉驿区院"）在开展电动自行车安全隐患专项监督中发现锂电池智能换电柜存在安全隐患问题，并于2022年1月21日立案。通过现场调查、询问公司负责人、委托专家论证、组织公开听证等调查取证工作，查明成都市龙泉驿区应急管理局（以下简称"区应急管理局"）未全面落实相关法律规定，导致成都某科技公司未落实安全生产主体责任，智能换电柜经营场地存在消防安全隐患，严重威胁人民群众生命财产安全。2022年1月29日，龙泉驿区院向区应急管理局制发检察建议,建议其依法履行消防安全监管职责,督促电动自行车锂电池智能换电柜经营企业对"换电柜未进行防火分隔、换电场所未配备消防器材、消防器材失效"等消防安全隐患进行整改,同时将检察建议抄送区消防救援大队。

收到检察建议后,区应急管理局、区消防救援大队及时督促整改生产经营场所的消防安全隐患,成都某科技公司将全区智能换电柜设置点的柜体与柜体、柜体与墙体之间均保持25cm间距,每个设置点重新配置了2套消防灭火器材,并健全完善安全巡检制度。

龙泉驿区院就该案向龙泉驿区安全生产委员会(以下简称区安全生产委员会)进行了通报,在检察机关的推动下,区安全生产委员会于2022年6月制定《成都经开区(龙泉驿区)电动自行车换点场所安全监督管理职责分工》《成都经开区(龙泉驿区)电动自行车锂电池智能换电柜建设规范指引(试行)》,对辖区内电动自行车锂电池智能换电柜安全监督管理职责进行明确,并对换电设施建设提供指导和规范。

结合本案办理,成都市人民检察院(以下简称成都市院)于2022年1月下旬,在全市检察机关开展部署电动自行车锂电池智能换电柜安全生产公益诉讼专项监督行动,截至目前,两级院共立案并提出检察建议20份,成都市院梳理分析案件办理中折射的消防安全共性问题,为成都市政协委员提出《关于推动电动自行车锂电池换电业规范有序发展的建议》的提案提供选题参考和实践依据,该提案已于2022年成都市两会期间受理并转相关职能部门办理。

2022年6月6日,成都市院向成都市应急管理局、市消防救援支队公开宣告送达社会治理检察建议,建议相关部门通过开展专项整治、健全工作衔接协调机制、推动建立符合本地实际的电动自行车锂电池智能充换电项目建设及运营管理地方标准三方面工作,加强电动自行车锂电池智能换电柜安全生产经营的监管力度。收到检察建议后，成都市应急管理局开展了换电企业消防安全、电动车行驶停放充电安全等关键环节隐患整治行动，摸清全市2128个智能换电柜运营情况，共排查整治消防问题2432项，与全市所有的智能换电柜经营企业逐一签订换电柜消防安全承诺书，督促落实换电柜经营场所消防安全责任和安全防范措施，并形成《换电企业消防安全风险问题清单》，制定《成都市换电企业安全生产监管工作指南（试行）》《成都市换电企业安全生产检查清单》，明确场所选址布局、电池换电柜设置、场所防护措施要求等4大类37项监管内容。

成都市院、成都市应急管理局积极向成都市人大常委会相关部门汇报智能换电柜消防安全隐患整治情况，积极推动将电动自行车锂电池换电企业安全生产监管写入《成都市非机动车管理条例》，为加强电动自行车智能换电柜安全监管提供了法律依据。

【典型意义】

安全生产责任重于泰山。成都市作为人口两千多万的超大城市，电动自行车保有量巨大，"以换代充"续航方式能够解决电动自行车入户充电、飞线充电等安全隐患，但其自身存在的安全问题也不容忽视。检察机关聚焦与人民群众生命财产安全息息相关的电动自行车锂电池智能换电柜安全隐患，通过个案办理、专项监督、公益诉讼检察建议与政协提案衔接转化、社会治理检察建议等工作，推动应急管理、消防救援等部门强化联合监管，开展专项整治，出台行业规范。同时检察机关深入调研梳理分析共性问题，为政协委员提案提供实践样本，与职能部门共同推动将智能换电柜安全生产经营监管写入地方立法，通过解决个案实现行业治理并形成技术规范。

浙江省宁波市鄞州区人民检察院督促整治天童禅寺消防安全行政公益诉讼案[①]

【关键词】

行政公益诉讼诉前程序　消防安全　全国重点文物保护

【要旨】

被列为全国重点文物保护单位的古建筑群存在重大安全隐患，而行政机关未依法履职的，检察机关可以开展行政公益诉讼。涉及行政机关和属地乡镇共同履职的，检察机关可以分别制发检察建议，推动各方厘清责任，形成监管合力，确保全国重点文物保护单位消防安全。

【基本案情】

位于宁波市鄞州区东吴镇太白山麓的天童禅寺始建于西晋永康元年，迄今已有1700多年历史，系全国重点文物保护单位，由于游客香客众多、香烛法物焚烧、电路设置不合理、消防设施缺失等原因存在重大消防安全隐患。

【调查和督促履职】

2021年3月，宁波市鄞州区人民检察院（以下简称鄞州区院）接到浙江省政协委员天童禅寺住持方丈反映，天童禅寺存在消防安全隐患问题长期未能解决。鄞州区院对此高度重视，以行政公益诉讼立案后进行调查。通过走访相关行政机关，实地勘查天童禅寺及周边环境等方式，查明作为全国重点文物保护单位的天童禅寺主要

---

① 载中华人民共和国最高人民检察院官网2022年12月16日，https://www.spp.gov.cn/xwfbh/wsfbt/202212/t20221216_595705.shtml#2。

以木结构建筑为主，各建筑依山而建，彼此间紧密相连，形成庞大的建筑群，一旦发生火灾影响整个寺庙建筑安全。但天童禅寺所在区域呈盆地状，东西出口与外界公路是通过两车道的隧道相连，周边消防队最快车程至少需要 30 分钟才能到达，且要经过隧道，一旦发生火情，后果不堪设想。

鄞州区院审查认为，根据《中华人民共和国消防法》第三十九条规定，距离国家综合性消防救援队较远、被列为全国重点文物保护单位的古建筑群的管理单位应当建立单位专职消防队，宁波市鄞州区消防救援大队以及属地东吴镇人民政府作为主管职能部门，应及时督促落实消防法有关要求，消除天童禅寺消防安全隐患。2021 年 5 月，鄞州区院向鄞州区消防救援大队、东吴镇人民政府制发检察建议，督促其对天童禅寺存在的重大消防安全隐患进行整改。

检察建议发出后，相关行政机关积极履职，争取了区文物保护专项资金 29.5 万元，全面实施天童禅寺智慧消防系统改造提升工程，增设了消防设施，并新建了消控室，实现远程监控。但相关部门也向检察机关反映了天童禅寺设立专职消防队存在的困难，如建设经费问题，专职消防队的启动资金需要 200 万元左右，每年的运维费用也在 100 万元左右，此外，还涉及消防队选址、办公用房和人员保障等问题。

为推动问题有效解决，2021 年 6 月，鄞州区院召集相关部门召开圆桌会议，共同研究解决问题，初步达成由属地政府牵头建设消防队的建设方案。2021 年 7 月，最高人民检察院、浙江省人民检察院公益诉讼检察部门赴现场指导，有力推动了案件进展。经鄞州区院多次牵头组织协商，东吴镇人民政府和鄞州区消防救援大队最终确定了消防队建设方案，明确了由消防总队与天童禅寺分队共同建设的模式，即在隧道出口靠近天童禅寺方向不到 5 公里处设立综合消防站总队，天童禅寺设立消防分队，人员由消防总队派驻轮流在天童禅寺值岗。鄞州区院积极与相关部门沟通协商，推动相关部门筹集 1000 万元资金用于消防队营房选址、建设等工作。目前营房建设已完成，消防队伍已入驻，困扰天童禅寺多年的消防安全隐患问题终于得到解决。

【典型意义】

消防安全，重在预防。全国重点文物保护单位的消防安全更需引起高度重视，一旦发生火灾事故，不仅对人员财产造成重大损失，更对文物和文化遗产造成不可估量的损害。针对困扰天童禅寺多年的消防安全隐患问题，检察机关充分发挥公益诉讼职能，通过召开圆桌会议，厘清主管部门和属地乡镇职责，凝聚各方监督合力，协调解决推进过程中遇到的资金、场地和人员等实际困难，实现对全国重点文物保护单位专业化、规范化、长远化保护。